# O RETORNO DA COMUNIDADE
**Os Novos Caminhos do Social**

**Raquel Paiva**
*organizadora*

# O RETORNO DA COMUNIDADE
## Os Novos Caminhos do Social

Prefácio
Muniz Sodré

Roberto Esposito
Davide Tarizzo
Gianni Vattimo
Cicilia M. Krohling Peruzzo
Márcia Vidal Nunes
Desirée Cipriano Rabelo
Raquel Paiva
Denise Cogo
Gabriel Kaplún

*M*auad X

Copyright @ by Raquel Paiva, 2007

Direitos desta edição reservados à
MAUAD Editora Ltda.
Rua Joaquim Silva, 98, 5º andar
Lapa — Rio de Janeiro — RJ — CEP: 20241-110
Tel.: (21) 3479.7422 — Fax: (21) 3479.7400
**www.mauad.com.br**

*Projeto Gráfico:*
Núcleo de Arte/Mauad Editora

CIP-BRASIL. CATALOGAÇÃO-NA-FONTE
SINDICATO NACIONAL DOS EDITORES DE LIVROS, RJ.

---

R345
     O retorno da comunidade : (os novos caminhos do social) / org. Raquel Paiva ; prefácio Muniz Sodré. - Rio de Janeiro : Mauad X, 2007.

    Inclui bibliografia

    ISBN 978-85-7478-212-6

    1. Comunidades. 2. Comunidades - Desenvolvimento. 3. Participação social. 4. Comunicação no desenvolvimento da comunidade. I. Paiva, Raquel, 1960-.

    07-0640.                                    CDD: 307
                                                       CDU: 316.334.52

# ÍNDICE

**Prefácio** – *Muniz Sodré* – 7

**Apresentação** – *Raquel Paiva* – 13

**Parte 1 – Epistemologia da Comunidade**

Niilismo e Comunidade
*Roberto Esposito* – 15

Filósofos em Comunidade. Nancy, Esposito, Agamben
*Davide Tarizzo* – 31

O Belo como Experiência Comunitária
*Gianni Vattimo* – 63

**Parte 2 – Comunidade Aplicada**

Rádio Comunitária, Educomunicação e Desenvolvimento
*Cicilia M. Krohling Peruzzo* – 69

Rádios Comunitárias: Exercício da Cidadania na Estruturação dos Movimentos Sociais
*Márcia Vidal Nunes* – 95

Comunicação Comunitária se Aprende na Escola? Relatos de uma Aprendiz
*Desirée Cipriano Rabelo* – 119

**Parte 3 – Mídia e Comunidade**

Para Reinterpretar a Comunicação Comunitária
*Raquel Paiva* – 133

Repensando a Ciência Participativa na Pesquisa em Comunicação
*Denise Cogo* – 149

Entre Mitos e Desejos: Desconstruir e Reconstruir o Desenvolvimento, a Sociedade Civil e a Comunicação Comunitária
*Gabriel Kaplún* – 167

**Os Autores** – 195

# PREFÁCIO

Um "espectro" ronda a sociedade contemporânea. Não mais, certamente, o do comunismo (Marx: "Um espectro ronda a Europa..."), mas o da comunidade. A palavra pode não ser dita, tantos são os seus óbices ideológicos. Quando se escuta, porém, um sociólogo liberal como o francês Alain Touraine recorrer — num seminário da Academia da Latinidade, no remoto Azerbaidjão — à utopia da latinidade a título de saída para a crise da vida pública no Primeiro Mundo, senão como diferença sensível no diálogo das civilizações, percebe-se latente, impensada, a sugestão de uma comunidade. Não, certamente, a comunidade pré-moderna, em vias de nostálgica recuperação, mas o retorno de uma temática que se deixa ver de forma explícita em construções teóricas ou, de forma oblíqua, em intervenções práticas na vida social.

De fato, uma idéia demarcada por apelos ao congraçamento e a propostas coletivas evoca certamente algo como um "espírito comum" ou uma "comunidade global dos espíritos", tal como fora preconizado por Stefan Zeig a propósito da unidade européia.

Pouco importa que a idéia tenha macrodimensões: o Estado imaginado por Hegel era uma *communitas communitarum*, "comunidade das comunidades". O que na verdade conta é que bem se saiba do que se diz com essa palavra, à qual a modernidade liberal mais recente colou rótulos muito negativos, que variam da passada *Volksgemeinschaft* nazista até a atual *djamaa* dos fundamentalistas islâmicos. Daí, a importância das reinterpretações operadas por pensadores contemporâneos, como o francês Jean-Luc Nancy e os italianos Gianni Vattimo, Roberto Esposito e Giorgio Aganbem.

No texto explicativo de Davide Tarizzo, o fato de que hoje estejamos desorientados sobre o sentido de nossa vida-em-comum não deve ser aquilo que permanece sempre *entre* uma e outra: *é o limite que ambas co-dividem*" (Tarizzo).

Não é simples de apreensão, como se vê, o conceito de comunidade trabalhado por Esposito. Certamente não se reconhecerão nele os neocomunitaristas, que preconizam o estabelecimento de uma substância objetiva, uma plenitude humana, coletiva, capaz de "resistir" ao niilismo ou à hipertrofia do individualismo contemporâneo. No texto especialmente preparado para esta coletânea, Esposito deixa bem claro que a comunidade não é um ente, nem um sujeito coletivo, mas uma *relação*, o limiar em que se encontram sujeitos individuais. Sua formulação é preciosa: "A comunidade não é o *entre* do ser, mas o ser como *entre*: não uma relação que modela o ser, mas o próprio ser como relação".

A visão filosófica de Esposito — próxima, como vemos, de Bataille, Nancy, mas também Derrida e Aganbem — não detém, entretanto, a exclusividade da abordagem de comunidade como algo privado de substância física, como um nada ou um vazio constitutivo de uma relação. Se bem atentarmos para o pragmatista Charles Sanders Peirce ao descrever processo individualizado da comunicação lingüística, veremos que, invocando o conceito de comunidade (ação recíproca entre agente e paciente, portanto comunicação enquanto ser-em-comum), ele dá espaço para que se cogite da dimensão coletiva, em que a *vinculação* aparece como a radicalidade da diferenciação e da aproximação entre os seres humanos, e daí como cerne do *processo comunicativo*, este que John Dewey chamava de "interação comunal".

Dentro de uma perspectiva genealógica de constituição do grupo social organizado, a argumentação de Peirce permite inferir que, da vinculação ou do entrelaçamento econômico, político, cultural e afetivo que constitui o ser social, o *socius* – em outras palavras, da condição de possibilidade do sujeito –, surgem as instituições (nação, família, associações diversas, etc.) capazes de funcionar tanto como pano de fundo quanto como operadoras da identidade humana. São vinculativos os discursos, as ficções e os mitos de fundação do agrupamento histórico que preside as identificações – com o Estado-Nação, com os valores (comunidade, família, trabalho, etc.) e com o *ethos* ou atmosfera emocional coletiva.

Vincular-se, diferentemente de pôr-se em contato, é muito mais do que um mero processo interativo, porque pressupõe a inserção social e existencial do indivíduo desde a dimensão imaginária (imagens latentes e manifestas) até as deliberações frente às orientações práticas de conduta, isto é, aos valores. A vinculação é propriamente *simbólica*, no sentido de uma mesma origem e destino, uma exigência radical de partilha da existência com o Outro, para além de qualquer racionalismo instrumental ou de qualquer funcionalidade societária. Mas esse "outro" de que se fala não é um outro sujeito, e sim, como precisa Esposito, "uma cadeia de alterações que não se fixa nunca em uma nova identidade". Efetivamente, atribuir a comunidade ao outro, ao invés de si mesma, significa sustentar que "sua presença é constitutivamente habitada por uma ausência — de subjetividade, de identidade, de propriedade".

O ser-em-comum da *communitas*, como diz Esposito, é a partilha de uma realização, e não a comunidade de uma substância. Em outras palavras, comunidade não é o mero estar-junto num território, como numa aldeia, num bairro ou num gueto, e sim um compartilhamento (ou uma troca), relativo a uma tarefa, um *munus*, implícito na obrigação originária (*onus*) que se tem para com o Outro. Os indivíduos diferenciam-se e identificam-se dentro da dinâmica vinculativa, o reconhecimento e o acatamento dessa dívida simbólica.

Embora se situem de fora dessa discussão de natureza filosófica, os textos propriamente "comunicacionais" deste volume afinam-se na prática com alguns dos posicionamentos teóricos expostos, na medida em que fazem do comunitário uma relação "desconstrutiva" em vários aspectos.

Para Raquel Paiva, o jornalismo ocupa um lugar definitivo na formulação de uma narrativa universal da "atualidade" na civilização ocidental. Mas essa posição privilegiada tem sérios riscos, como aquele das barreiras que o corporativismo profissional levanta às críticas, aos argumentos "crítico-contraditórios", geralmente advindos das ciências sociais. Sua concepção de comunicação comunitária pretende atacar de frente o concentracionismo e o exclusivismo da estrutura jornalística contemporânea, a mesma que conduz à espetacularização extremada da realidade, sugerindo alternativas. Fazendo uma distinção entre a comunicação excludente e a inclusiva, ela chega ao comunitário como vetor de aproximação com a vida concreta das populações.

Gabriel Kaplun, por sua vez, está empenhado em "repolitizar" palavras como "desenvolvimento", "tecnologia", "projeto" e outras, para conceber possíveis mudanças sociais. Para isto, ele submete ao crivo crítico os mitos do desenvolvimento na América Latina, frisando que, embora o discurso desenvolvimentista tenha perdido força nos anos 80, isto não implica a morte da idéia de desenvolvimento. A idéia pode ser retomada, sugere, desde que se desmistifiquem alguns dos dispositivos atuais de intervenção na vida social, a exemplo das organizações não-governamentais (ONGs). Ao mesmo tempo, ele mostra o quanto é necessário questionar, no âmbito do trabalho social, mitos como o do crescimento econômico sem fim ou o da natureza humana individualista e possessiva

Nesse desenvolvimento de que fala Kaplun, as rádios comunitárias têm um papel importante, como bem salienta Cicilia Peruzzo. Para ela, inexistem na prática grandes problemas conceituais no que diz respeito à relação da comunidade com a radiofonia, uma vez que uma rádio comunitária se reconhece pelo trabalho que desenvolve, isto é, se transmite uma programação vinculada a uma realidade local, capaz de contribuir para ampliar a cidadania, democratizar a informação e melhorar a educação informal.

Os textos de Márcia Vidal, Denise Cogo e Desirée Rabelo são descrições vívidas de experiências em que os meios de comunicação e seus públicos muito particulares se dão as mãos numa forma de entrelaçamento decididamente diferente daquele que a grande mídia estabelece com as suas audiências. Vidal debruça-se sobre as rádios comunitárias como algo à parte do comercialismo radiofônico, apontando para a riqueza de experiências, a educação para a cidadania e o desenvolvimento local. Cogo acentua a participação coletiva como característica da comunicação popular. Rabelo chama a atenção para a "comunicação comunitária" implantada nos cursos de comunicação, mais como exercícios de alteridade e de sensibilização do que propriamente uma disciplina canônica.

Um observador com lentes políticas poderá ver nesses textos traços de um certo "socialismo", não definido como revolta contra situações de injustiça ou de desigualdade, e sim voltado para a organização de novas configurações do ordenamento social, para reformas institucionais. Este era, aliás, curiosamente, o entendimento que tinha Durkheim do socialismo: um antídoto para a anarquia econômica. No caso dos autores que constroem a comunicação comunitária, parece tratar-se, entretanto, da busca de um novo ordenamento informativo.

Essa busca não se apresenta com quaisquer colorações político-ideológicas visíveis. Em princípio, é tão-só um novo empenho acadêmico, motivado pelo reconhecimento dos limites do campo midiático. Mas pode ser, ao mesmo tempo, a busca de uma experiência que Gianni Vattimo descreve em seu texto como a "experiência do belo". Esta, ele nos assegura, só se realiza em comunidade.

*Muniz Sodré\**

---

[*] Professor titular da ECO/UFRJ, pesquisador do CNPq, jornalista, escritor e atual presidente da Fundação Biblioteca Nacional.

## APRESENTAÇÃO

O filósofo pragmatista americano Richard Rorty argumenta que os conceitos possuem intrínseca relação com o contexto histórico e com a sociedade na qual foram gerados e que, muitas vezes, não representam nada em contextos diferentes. Em sua opinião, permanecer utilizando e insistindo em conceitos que não representam mais nada, além de impedir o surgimento de novas idéias e de interpretação, representa uma fonte de sofrimento para a sociedade atual.

O conceito de comunidade encontra-se neste limiar, pois está certamente dentre as idéias mais evocadas na atualidade. Por outro lado, a sua reinterpretação transforma-se a cada dia numa premência. Isto porque, se para os povos do norte, os europeus, principalmente, a palavra evoca momentos sombrios da sua história, vinculados ao nazifascismo, para os países do hemisfério sul, sugere uma ordem alternativa de existência, pensamento e postulado, capaz de engendrar novos e novíssimos formatos de existência.

Por isso, de repente, volta-se a falar muito em comunidade. Anos atrás, a palavra parecia banida dos textos acadêmicos, a título de anacronismo. Temia-se — como ainda se teme em determinados círculos – – a sua associação com velhos fenômenos da direita política.

No entanto, diversas experiências contemporâneas de aproximação ou contato com as zonas "periféricas" do mundo (eufemismo para os muito pobres, os excluídos da cidadania) inserem-se no âmbito do que se poderia chamar de "comunitário".

É que não se pode honestamente acreditar no mito da república una e indivisível, aqui e em toda parte. Para nos atermos ao Brasil, tem ficado evidente que não existe **a** sociedade brasileira, e sim uma pluralidade de contextos existenciais, com escalas diferenciadas de riqueza, pobreza e miséria, que reivindica a temática do comunitário, mais do que a do societário.

Por outro lado, não é unívoco o significado da palavra comunidade. O fato de que este livro seja uma coletânea implica exatamente a intenção de evidenciar a pluralidade dos pontos de vista teóricos e aplicativos sobre o campo semanticamente recoberto por esse termo. Ao se conceber a idéia de uma coletânea, na qual pudessem estar inseridos os mais representativos pesquisadores da temática, priorizou-se por pedir a cada um a produção de um texto que fosse capaz de expressar a reflexão/inquietação mais recente possível sobre o tema.

É importante ressaltar que a coletânea tem esta perspectiva prioritária: autores referenciais sobre o tema e seus mais recentes pensamentos, revisões e especulações. Incluímos aqui textos imprescindíveis sobre a complexidade do pensamento comunitário, assim como experiências e reflexões sobre alternatividade na mídia.

Acreditamos que este volume venha a se tornar indispensável para os orientadores da disciplina "comunicação comunitária", mas também para professores e estudantes das ciências sociais em geral. E acima de tudo, temos certeza de que estamos exercitando a saborosa tarefa da reinterpretação de um conceito sobre o qual pairam emergentes desejos alternativos.

*Raquel Paiva*

PARTE 1 – EPISTEMOLOGIA DA COMUNIDADE

# NIILISMO E COMUNIDADE*

Roberto Esposito

1. Qual a relação entre estes dois termos? A resposta das diversas filosofias da comunidade — porém também de uma interpretação difundida do niilismo – vai no sentido de uma contraposição radical. Niilismo e comunidade estão em uma relação, não apenas de simples alteridade, mas de oposição frontal, em que não se admitem pontos de contato, nem mesmo zonas de sobreposição. Eles se excluem reciprocamente: onde existe um – ou quando se encontra um – a outra não existe e vice-versa. Esteja a oposição situada no plano sincrônico ou ao longo de uma trajetória diacrônica, o que conta é a clareza da alternativa entre os dois pólos, que parecem assumir significado exatamente a partir da sua irredutibilidade.

O niilismo – na sua conotação mais peculiar de artificialidade, anomia, insensatez – é percebido como aquilo que se tornou impossível, ou exatamente impensável, a comunidade; enquanto a comunidade se auto-interpreta desde sempre como algo que resiste, contém e contrasta com a possibilidade niilística. É substancialmente o papel conferido à comunidade pelas concepções comunais, comunitárias, comunicativas que há mais de um século vêem nela o único abrigo contra a potência devastadora do nada doravante expansivo na sociedade moderna. Aquilo que muda, com referência a este cenário, é a ordem da sucessão que se atribui de vez em quando aos dois termos, não o seu caráter rigidamente dicotômico. Se Ferdinand Tönnies situava a comunidade antes da socie-

---

* Tradução: Raquel Paiva.

dade – segundo uma genealogia depois apropriada pelo ocaso da filosofia, pela traição e pela perda nascidas tanto à direita quanto à esquerda na passagem do século –, os atuais neocomunitaristas d´além-mar revertem os tempos da dicotomia, sem, todavia, discutir a questão de fundo: é a comunidade, ou melhor, as comunidades particulares onde se despedaça o arquétipo tönnesiano, que sucede à sociedade moderna, em uma fase marcada pela crise do paradigma estatal e pela difusão do conflito multicultural. Neste caso, a comunidade não é mais entendida como um fenômeno residual no que diz respeito às formas socioculturais adotadas pela modernidade, e sim como uma réplica à insuficiência do seu modelo individualístico-universalista: é a mesma sociedade dos indivíduos, já destruidora da antiga comunidade orgânica, que agora gera novas formas comunitárias como reação póstuma à própria entropia interna.

Torna a configurar-se também por este lado a exclusão recíproca com o niilismo: a comunidade avança ou se retrai, se expande ou se contrai, de acordo com o espaço ainda não 'colonizado' por ele. Quando Habermas contrapõe uma racionalidade comunicativa a uma racionalidade estratégica, permanece dentro do mesmo paradigma interpretativo, com uma acentuação posterior de caráter defensivo, a 'comunidade ilimitada da comunicação', que constitui conjuntamente o ponto de resistência e a reserva de sentido no que tange à progressiva invasão da técnica. O fato de que ela seja entendida como um *a priori* transcendental – assim como factual, segundo a mais rudimentar abordagem neocomunitária – não afasta o quadro hermenêutico de fundo: também neste caso, a comunidade, possível, senão a real, é entendida como a linha de limite e o muro de contenção, frente ao avanço do niilismo.

Algo de pleno – uma substância, uma promessa, um valor – que não se deixa esvaziar no turbilhão do nada. É uma outra configuração daquele encontro entre a 'coisa' e o 'nada' que serve de pressuposto a toda a tradição que estamos examinando: contra a explosão – ou implosão – do nada, a comunidade mantém firme a realidade da coisa: antes, é a própria coisa que se opõe ao seu aniquilamento.

2. Mas se se trata de um pressuposto aceitável ou não, seria isso mesmo o que bloqueia um pensamento da comunidade à altura do nosso tempo – que é exatamente aquele do niilismo completo? Se o assumísse-

mos enquanto tal, seríamos necessariamente obrigados a escolher entre duas hipóteses que não podem ser acolhidas, isto é, negar a atitude constitutivamente niilista da época presente ou excluir a questão da comunidade do nosso horizonte de pertinência. Para falar de comunidade em termos não simplesmente nostálgicos, restaria a via de circunscrever o niilismo a um aspecto, ou a um momento particular, da nossa experiência. Ainda, considerá-lo um fenômeno ´a termine´ – destinado até certo ponto a dissolver-se ou pelo menos a regredir. Ou, ainda, entendê-lo como uma doença que invadiu apenas determinados órgãos de um corpo são.

Porém, um tal raciocínio redutor esbarra em todas as evidências, convergentes ao indicar no niilismo nem um parêntese, nem uma conjuntura, mas, sim, a tendência de fundo da sociedade moderna, que alcança hoje a sua máxima expressão. E então? O único modo para dar conta da questão sem renunciar a nenhum dos seus termos passa pela necessidade de amarrar em uma única reflexão comunidade e niilismo. E, assim, ver na completude do niilismo, não um obstáculo insuperável, mas a ocasião para um novo pensamento da comunidade. O que não quer dizer, obviamente, que comunidade e niilismo resultem identificados ou até mesmo simétricos. Nem mesmo que estejam situados no mesmo plano ou ao longo da mesma trajetória. Mas, sobretudo, que se encontrem em um ponto do qual nenhum dos dois possa prescindir, porque resulta constitutivo de um e outro, a títulos diversos. Este ponto – inadvertido, removido ou anulado pelas atuais filosofias comunitárias, porém mais em geral pela tradição político-filosófica – pode ser indicado como o 'nada'. É isto o que a comunidade e o niilismo têm em comum, numa forma que permaneceu até agora como uma questão não investigada.

Porém, em que sentido? Deixemos por ora um pouco de lado – para retomá-la daqui a pouco – a questão, em nada simples, da relação entre o niilismo e o 'nada'. E permaneçamos na comunidade. Já vimos como ela lhe era tradicionalmente contraposta como a nossa coisa mesma; e assim como se a sua definição coincidisse com tal contraposição: a comunidade não apenas diferente e irredutível ao nada, mas coincidente com o seu mais explícito contrário – com um 'todo' inteiramente pleno de si mesmo. Ora, eu acredito que seja exatamente este o ponto de vista a ser não apenas problematizado, mas também certamente revertido: a comunidade não é o lugar da contraposição, mas da superposição entre a coisa e o nada.

Tentei motivar este assunto por meio de uma análise, tanto etimológica quanto filosófica, do termo *communitas* a partir de *munus*, do qual ele deriva[1]. O que se concluiu é a sua distância categorial de toda idéia de propriedade coletivamente possuída por um conjunto de indivíduos – ou mesmo de seu pertencimento a uma identidade comum. Aquilo que, segundo o valor do conceito, os membros da *communitas* compartilham – – exatamente o complexo, mas forte, significado de *munus* – é, sobretudo, uma expropriação da própria substância, que não se limita ao seu 'ter', porém que abrange e corrói o seu próprio "ser sujeitos". Aqui, o discurso assume uma dobra que o desloca do terreno mais tradicional da antropologia, ou da filosofia política, para aquele, mais radical, da ontologia: que a comunidade esteja vinculada não a um <u>mais</u> e sim a um <u>menos</u> de subjetividade, quer dizer que os seus membros não são mais idênticos a si mesmos, porém constitutivamente expostos a uma tendência que os leva a forçar os próprios limites individuais para encararem o seu " fora". Deste ponto de vista – que rompe toda a continuidade entre o "comum" e o "próprio", legando-lhe o impróprio – retorna ao primeiro plano a figura do outro. Se o sujeito da comunidade não é mais o "mesmo", será necessariamente um "outro". Não um outro sujeito, mas uma cadeia de alterações que não se fixa nunca em uma nova identidade.

3. Porém se a comunidade é sempre do outro e nunca de si mesma, significa que sua presença é constitutivamente habitada por uma ausência – de subjetividade, de identidade, de propriedade. Que ela não seja uma "coisa" – ou seja, uma coisa definida exatamente a partir do seu "não". Uma "não-coisa". Mas como se entende esse "não"? E como se relaciona com a coisa à qual pertence? Certamente não no sentido de uma pura negação. O nada em comum não é o contrário do ente, e sim algo que lhe corresponde e lhe co-pertence muito mais intensamente. Mas mesmo sobre o sentido dessa correspondência – ou co-pertencimento – é preciso não incorrer em equívoco. O nada da *communitas* não se interpreta como aquilo que ela *ainda* não pode ser, como o momento

---

[1] Cf. R. Esposito, *Communitas. Origine e destino della comunità*, Torino, 1998.

## PARTE 1 – EPISTEMOLOGIA DA COMUNIDADE

negativo de uma contradição destinada a ser resolvida dialeticamente pela identidade dos opostos. Também não pode ser interpretado nem mesmo como o ocultamento no qual a coisa se retira porque não pode revelar-se na plenitude de uma pura presença. Em cada um desses casos, de fato, ele não acabaria como o nada da coisa, mas se transformaria em alguma outra coisa, com a qual ela se relacionaria nos modos da teleologia ou da pressuposição. Seria o seu passado ou o seu futuro. Nunca o seu simples presente: isto que ela é – que não é nada, além disso.

Em resumo, o nada não é a condição ou o êxito da comunidade – o pressuposto que a libera para a sua "verdadeira" possibilidade – e sim o seu único modo de ser. Em outras palavras, a comunidade não é interdita, ofuscada, velada – mas constituída pelo nada. Isso quer dizer simplesmente que ela não é um ente. Nem um sujeito coletivo, nem mesmo um conjunto de sujeitos. Mas é a *relação* que não a faz mais ser isso – sujeitos individuais – porque interrompe a sua identidade com uma barra que a atravessa, alterando-a: o "com", o "entre", o limiar sobre os quais eles se encontram, em um contato que a relaciona com os outros, na medida em que os separa de si mesma.

Pode-se dizer – referindo-se a um outro termo que assumiu um significado oposto ao originário – que a comunidade não é o *entre* do ser, mas o ser como *entre*: não uma relação que modela o ser, mas o próprio ser como relação. A distinção é importante porque é aquela que nos restitui de modo mais evidente a superposição do ser e nada: o ser da comunidade é o afastamento, o espaçamento, que nos relaciona com os outros em um comum não-pertencimento. Numa perda de si mesmo que não chega nunca a se transformar em "bem" comum: comum é apenas a falta, não a posse, a propriedade, a apropriação.

O termo *munus* é entendido pelos latinos apenas como a dádiva feita e nunca como aquela recebida – denotada pelo vocábulo *donum* –, quer dizer, é por princípio privado de "remuneração". A falta de substância subjetiva que ele determina permanece tal e qual – não é preenchível, sanável, cicatrizável. A sua abertura não pode ser fechada por qualquer ressarcimento, se pretende ficar efetivamente compartilhada. Isto porque, no conceito de "compartilhamento", o "com" é associado exatamente à "divisão". O limite a que isso alude é aquele que une não no modo da convergência, da conversão, da confusão, e sim no da divergência, da diversão, da difusão. A direção é sempre de dentro para fora, nunca de fora para dentro. A comunidade é a exteriorização do interior. Por isto – porque oposto à idéia de interiorização, ou, principalmente, de internamento – o *entre* da comunidade só pode ligar exterioridades ou 'exílios', sujeitos debruçados sobre o seu próprio fora. Este movimento de descentramento é reconhecível na mesma idéia de 'divisão' – que se reporta conjuntamente a 'compartilhamento' e 'pertencimento': a comunidade não é nunca um lugar de chegada, mas sempre de partida. É assim a própria partida em direção àquilo que não nos pertence e não poderá nunca nos pertencer. Por esta razão, a *communitas* está bastante distante de produzir efeitos de comunalidade, de acomunamento, de comunhão. Não aquece e nem protege. Ao contrário, expõe o sujeito ao risco mais extremo: o de perder, com a própria individualidade, os limites que garantem a sua intangibilidade por parte do outro. De escorregar subitamente no nada da coisa.

4. É em referência a tal nada que se coloca a questão do niilismo: porém em uma forma que apreenda, juntamente com a conexão, também a distinção dos planos sobre os quais ela se apóia. O niilismo – quero dizer – não é a expressão, mas a supressão do nada-em-comum. Certo, ele tem muito a ver com o nada – porém no modo do aniquilamento. Não é o nada da coisa, mas do seu nada. Um nada ao quadrado: o nada multiplicado e contemporaneamente suportado pelo nada. Isto significa que se dão ao menos dois significados – ou dois níveis – do nada que se mantêm distintos, apesar e dentro de sua aparente coincidência. Enquanto o primeiro, como já foi visto, é o da relação – a lacuna, o afastamento, que faz do ser comum não um ente, mas uma relação –, o segundo, ao contrário, é o da sua dissolução: a dissolução da relação no absolutismo da sem-relação.

Se observarmos por este viés o absolutismo hobbesiano, as paisagens de tal 'solução' assumem uma clareza sem confrontos. O fato de Hobbes inaugurar o moderno niilismo político não se entende simplesmente no sentido corrente de que ele 'descobre' o nada de substância de um mundo liberado do vínculo metafísico relativo a toda *veritas* transcendente, mas antes no sentido de que o "recobre" com um outro zero, mais potente, que tem precisamente a função de anular os efeitos potencialmente

# PARTE 1 – EPISTEMOLOGIA DA COMUNIDADE

dissolutórios do primeiro. Assim como a *pointe* da sua filosofia política está na invenção de uma nova origem voltada para bloquear, e reconverter em coação ordenativa retornando a circunscrever e reconverter em coação ordenativa, o nada originário – a ausência de origem – da *communitas*. Naturalmente, tal estratégia contraditória de neutralização – esvaziar o vazio 'natural' através de um vazio 'artificial' produzido *ex nihilo* – surge de uma interpretação negativa, ou melhor, catastrófica, do princípio de compartilhamento, da partilha inicial do ser. É exatamente a negatividade sem risco atribuída à comunidade originária que justifica uma ordem soberana – o estado Leviatã – capaz de imunizar preventivamente pelo seu insustentável *munus*. Para que a operação dê certo – isto é, seja logicamente racional, não obstante o altíssimo preço de sacrifício e de renúncia que requer – é preciso não só que tal *munus* comum se torne privado do seu aspecto de excessiva doação em favor do da carência, mas também que esta carência – no sentido neutro do *delinquere* latino: faltar – seja entendida nos termos de um verdadeiro e próprio 'delito', ou melhor, de uma cadeia interminável de delitos potenciais.

É este radical forçamento interpretativo – do nada-em-comum à comunidade do delito – que determina o cancelamento da *communitas* em favor de uma forma política fundada sobre o esvaziamento de toda relação externa à relação vertical entre indivíduos e soberano e, logo, sobre a mesma dissociação. Partindo da exigência de proteger a coisa do nada que parece ameaçá-la, Hobbes termina assim por aniquilar, com o nada, a coisa mesma; por sacrificar ao interesse individual não apenas o *entre* do *ser*, mas também o *ser* do *entre*. Todas as respostas modernas que ao longo do tempo são fornecidas ao 'problema hobbesiano da ordem' – de forma decisória, funcionalista, sistêmica – arriscam-se a ficar presas neste círculo vicioso: a única maneira de conter os perigos implícitos na carência originária do animal-homem parece ser a construção de uma prótese artificial – a barreira das instituições – capaz de protegê-lo do contato potencialmente destrutivo com os seus semelhantes. Porém assumir como forma de mediação social exatamente uma prótese – quer dizer, um não-órgão, um órgão faltante – significa fazer frente ao vazio com um vazio ainda mais avançado, porque desde o início tomado e produzido pela ausência que deveria compensar. O mesmo princípio representativo – concebido como o mecanismo formal destinado a conferir presença a um ausente – não faz mais que reproduzir e potencializar aquele vazio, na medida em que não consegue conceituar o seu caráter originário e não derivado. Não consegue apreender que o nada que deveria complementar não é uma perda – de substância, de fundamento, de valor – que veio dissolver a ordem precedente. Mas é o caráter mesmo do nosso ser-em-comum. Não tendo querido – ou sabido – procurar mais a fundo no nada da relação, o niilismo moderno encontra-se entregue ao nada do absoluto – o absoluto nada.

5. É a isso que tenta fugir a moderna filosofia da comunidade através de uma oposição igual e contrária que termina, todavia, por cair no mesmo niilismo do qual pretendia distanciar-se. O que agora se absolutiza, em vez do nada, é a coisa. Porém, o que quer dizer absolutizar a coisa, senão aniquilar – e. logo, uma vez mais potencializar – o próprio nada? A estratégia não é mais aquela de esvaziar, mas, ao contrário, de encher o vazio determinado, e assim constituído, pelo *munus* originário. Isto que — a partir de Rousseau até o comunitarismo contemporâneo – aparece como uma proposta alternativa revela-se, porém, como a ruína especular da imunização hobbesiana: com a qual partilha seja o léxico subjetivista, seja o êxito particularista – aplicado desta vez não ao indivíduo, mas à coletividade em seu conjunto. Aquilo que em todo caso é menor – triturado pela superposição do individual e do coletivo – é a própria relação, entendida como modalidade ao mesmo tempo singular e plural da existência: anulada, no primeiro caso, pelo absolutismo que separa os indivíduos entre si, e, no segundo, pela sua fusão em um único sujeito fechado na identidade consigo mesmo.

Caso se assuma a comunidade rousseauniana de Clarens como o modelo, infinitas vezes reproduzido, de tal auto-identificação, reconhecem-se *in vitro* todos os traços característicos: da incorporação recíproca daqueles que dela fazem parte até a perfeita auto-suficiência do conjunto a que eles dão lugar, à inevitável contraposição que resulta desses confrontos e de todos aqueles que estão ao seu redor. O exterior, enquanto tal, é incompatível com uma comunidade de tal maneira retraída sobre o seu próprio interior de modo a instituir uma transparência sem opacidade entre os seus membros – e uma imediatez sem mediações – que reduz constantemente cada um a um outro não mais assim, porque identificado preventivamente com o primeiro. O fato de que Rousseau não preveja (antes, nega explicitamente) a traduzibilidade de semelhante *communauté de coeur* em uma forma qualquer de democracia política não elimina a potência de sugestão mitológica que ela exerceu, não apenas sobre toda uma tradição romântica, mas também, por outras vias, sobre o tipo ideal da *Gemeinschaft* tönnesiana — também ela fundada sobre a generalidade de uma vontade essencial subordinada à dos seus componentes singulares.

Mas existe algo mais, que se refere mais precisamente à insuspeitada recaída niilista dessa oposição da comunidade ao niilismo da sociedade moderna – à qual ela se revela não apenas totalmente aderente, mas estreitamente funcional como a sua simples destruição. Toda vez que se quis opor o excesso de sentido de uma comunidade repleta de sua essência coletiva ao vazio de sentido do paradigma individualista, as conseqüências foram destrutivas: primeiramente, frente aos inimigos externos ou internos, contra os quais tal comunidade se instituiu e, finalmente, também frente a si mesma. Como se sabe, isto se refere em primeiro lugar aos experimentos totalitários que ensangüentaram a primeira metade deste século – porém de maneira diferente e com certeza menos devastadora, todas as formas de 'pátria', 'matria' e 'fratria' que têm agregado multidões de fiéis, patriotas e irmãos em torno de um modelo inevitavelmente *koinocentrico*. O motivo desta trágica coação se repetir, que hoje dá sinais de se esgotar, está no fato de que quando a coisa se completa até a borda da sua substância, arrisca explodir ou implodir, sob o seu próprio peso.

Isto acontece no momento em que os sujeitos reunidos pelo vínculo comunal situam o acesso à sua condição de possibilidade na reapropriação da sua essência comum. Esta, por seu lado, parece configurar-se como a plenitude de uma origem perdida e por isso mesmo reencontrável na interiorização de uma existência momentaneamente exteriorizada. O que deste modo se presume possível, e necessário, é a elisão – a completude – daquele vazio de essência que constitui precisamente o *ex* da *exsistentia*: o seu caráter *não*, exatamente *porque* 'comum'. É só assim – através da abolição do seu nada – que a coisa pode ser finalmente realizada. Porém a realização, necessariamente fantasmática, da coisa é mesmo o objetivo do totalitarismo. A indiferenciação absoluta que termina por suprimir não somente o próprio objeto, mas o próprio sujeito que a coloca em ação. A coisa só é apropriável na sua destruição. Não é encontrável, pelo simples motivo de que nunca se perdeu: o que *aparece* como perdido é só o nada de que ela se constitui na sua dimensão comum.

6. O primeiro pensador a buscar a comunidade no nada da coisa foi Heidegger. Sem poder aqui refazer o complexo trajeto da interrogação sobre a coisa que se desenrola ao longo de toda a sua obra, é oportuno determo-nos sobre a conferência (1950) intitulada "A coisa" (*Das Ding*). E isto não apenas porque nela parece culminar aquele trajeto, porém, mais intrinsecamente, porque a 'coisa' – interpelada em outros lugares sob a perspectiva estética, lógica ou histórica – é aqui reconduzida à sua essência comum. A expressão se entende em duplo sentido. Tanto naquele em que Heidegger põe em causa as coisas mais modestas, habituais, à mão – neste texto, o vaso –, mas também no sentido de que tal modéstia guarda o ponto vazio no qual a coisa encontra o seu significado menos trabalhado, como já foi dito em *A origem da obra de arte*: "A coisa, na sua modéstia, se subtrai ao pensamento no modo mais obstinado. Ou será que este apartar-se da mera coisa (...) deverá pertencer à essência da coisa?"[2]. Mesmo à definição dessa essência – a "coisalidade da coisa" – está dedicado o discurso sobre "A coisa". Ela não consiste na objetividade na qual nós mesmos a representamos; mas não consiste nem mesmo na produção da qual a coisa – produzida – parece originar-se.

E então? Mesmo aqui nos serve de ajuda o exemplo do vaso – mas também outras 'coisas' invocadas nos textos daqueles mesmos anos, como a árvore, a ponte, o limiar. Que elemento caracterizante os reúne? Trata-se essencialmente do vazio. O vazio é a essência destas coisas, como também de todas as coisas. É assim para o vaso – concentrado literalmente em torno de um vazio e por ele formado em última análise: "Quando nós enchemos o vaso, o líquido flui no jarro vazio. O vazio é o que o recipiente contém. O vazio, este nada no jarro (*Die Leere, dieses Nichts am Krug*), é isso que o jarro é como

---

[2] M. Heidegger, *Der Ursprung des Kunstwerkes*, in *Holzwege*, in *Gesamtausgabe*, Frankfurt a. M. 1978, B. V (trad. it. *Sentieri interrotti*, Firenze, 1968, p. 17).

recipiente que contém'³. A essência da coisa é, pois, o seu nada. Ao ponto que, fora da perspectiva que isso abre, a coisa perde a sua natureza mais própria, até mesmo desaparecer, ou como o próprio Heidegger argumenta, até ser aniquilada: aí onde se esquece a sua essência, "na realidade, a coisa como coisa permanece inacessível, nula, e neste sentido aniquilada (In *Wahrheit bleibt jedoch das Ding als Ding verwehrt, nichtig und in solchem Sinne Vernichtet*)."⁴

Tudo isto pode parecer parodoxal: a coisa é aniquilada caso não seja apreendido até o fundo o seu caráter essencial. Porém – como se acaba de ver – este caráter essencial não está em outro lugar que no seu vazio. É o esquecimento deste nada – do vazio – que entrega a coisa a um ponto de vista cientificista, produtivista, niilista, que a anula. Também por este lado, encontramo-nos na necessidade de instituir uma distinção entre dois tipos de 'nada': um que nos restitui a coisa na sua realidade profunda, e um outro que, ao contrário, a subtrai. Assim, anulando o primeiro nada, anula a própria coisa que ele constitui. Heidegger, algumas linhas adiante, nos fornece a chave deste aparente paradoxo: o nada que salva a coisa do nada – na medida em que a constitui essencialmente como coisa – é o nada do *numus*, da doação que inverte o dentro no fora: "derramar o vaso é dar (*Schenken*)"⁵. Não sozinho, mas um *munus* 'comum' enquanto se dá na reunião e como reunião: "A essência do vazio continente é colhida no ato de dar"⁶.

Heidegger invoca para este propósito os vocábulos alemães *thing* e *ding* exatamente no seu significado originário de "reunião". O ato de dar expresso no vazio do jarro é também e acima de tudo um reunir. Como assim? O que reúne – dando – o vazio da coisa? Heidegger introduz neste ponto o motivo da "Quadratura" – ou seja, a relação entre terra e céu, mortais e divindades. Porém isto em que se concentra a atenção é a relação enquanto tal – o nada que ela põe em comum e a comuni-

---

[3] M. Heidegger, *Das Ding*, in *Vorträge und Aufsätze*, Pfullingen 1954 (trad. it. *Saggi e discorsi*, Milano 1976, p. 112).

[4] *Ibid.*, p. 113.

[5] *Ibid.*, p. 114.

[6] *Ibid.*, p. 114.

dade do nada como essência da coisa. Não é exatamente isto – a pura relação – que constitui o elemento comum de todas as coisas antes invocadas: a árvore que liga a terra ao céu, a ponte que une as duas margens, o limiar que conjuga o interior com o exterior. Não se trata – como para a *communitas* – de uma unidade na distância e *da* distância? De uma distância que une ou de um longe que avizinha? E, afinal, o que é o niilismo senão uma abolição da distância – do nada da coisa – que torna impossível toda aproximação? "A ausência da vizinhança (*Das Ausbleiben der Nähe*), apesar da eliminação dos distanciamentos, conduziu ao domínio do sem-distância. Na ausência da vizinhança, a coisa como coisa, no sentido que se deu, termina aniquilada"[7].

7. O único autor a medir-se com a questão aberta por Heidegger – a relação entre comunidade e o nada no tempo do niilismo realizado – é Georges Bataille: "A 'comunicação' não pode acontecer a partir de um ser pleno e intacto para um outro: ela precisa estar naquele em que se encontre posto em jogo o ser – em si mesmo – no limite da morte, do nada (*néant*)"[8]. Esta passagem nos remete a um curto texto intitulado *Nada, transcendência, imanência*, em que o nada é definido como "o limite de um ser" para além do qual ele "não existe mais. Este não-ser é para nós carregado de sentido: sei que é possível anular-me (*Ce non-être est pour nous plein de sens: je sais qu'on peut m'anéantir*)"[9]. Por que a possibilidade de anular-se é cheia de sentido – e assim constitui o único sentido praticável na fase em que cada outro sentido parece ser menor? A pergunta conduz também à interpretação batalliana do niilismo e até o ponto em que ela cruza aporeticamente o lugar inabitável da comunidade. O niilismo, para Bataille, não é a fuga do sentido – ou pelo sentido – mas, sobretudo, o seu fechamento dentro de uma concepção homogênea e conclusiva do ser. Jamais, como neste caso, ele não coincide com o que ameaça esvaziar a coisa. Ao contrário, é o que a fecha em uma completude sem falhas e sem fissuras.

---

[7] *Ibid.*, p. 121.

[8] G. Bataille, *Sur Nietzsche*, in *Œuvres Complètes*, Paris 1973, t. VI (trad. it. *Su Nietzsche*, Milano, 1970, p. 51).

[9] *Ibid.*, p. 190.

# Parte 1 – Epistemologia da Comunidade

Em resumo, o niilismo não se busca a partir da falta, e sim a partir de sua subtração. É a falta da falta – a sua remoção ou a sua reparação. O que nos subtrai à nossa alteridade, bloqueando-nos em nós mesmos: fazendo daquele 'nós' uma série de indivíduos completos e voltados para o seu interior, inteiramente resolvidos em si mesmos: "(...) o tédio revela o nada do ser fechado sobre si mesmo ( *le néant de l'être enfermé sur lui-même*). Se não se comunica mais, um ser isolado se entristece, deprime-se e sente (obscuramente) que *sozinho, não existe*. Este nada interno, sem caminho de saída, sem nenhum atrativo, o rechaça: ele sucumbe ao mal-estar do tédio e o *tédio* do nada interior expele-o para o exterior, para a *angústia*"[10]. Aqui fica claro o duplo nível da semântica do nada e, contemporaneamente, a passagem que Bataille promove do primeiro ao segundo: do nada do indivíduo, do si mesmo, do interior ao nada-em-comum exterior. Também este segundo é um nada, mas é aquele nada que nos arrebata do absoluto nada – o nada do absoluto – porque é o nada da relação. O homem é estruturalmente exposto a – mas se deveria dizer: constituído por – esta paradoxal condição de poder fugir do anulamento por implosão, apenas arriscando o anulamento por explosão: "O ser, na tentação, encontra-se, por assim dizer, esmagado pela dupla pressão do nada. Se não se comunica, destrói-se – no vazio que é a vida quando se isola. Se quer se comunicar, arrisca-se igualmente a perder-se"[11].

O fato de que Bataille – aqui como em outra parte – fale sobre o "ser", aludindo à nossa existência, não se interpreta apenas como uma imprecisão terminológica, devida ao caráter não profissionalmente filosófico do seu pensamento, e sim como o efeito desejado de uma superposição entre antropologia e ontologia dentro da figura comum da falta, ou, mais exatamente, do rasgão (*déchirure*). De fato, é verdade que nós podemos confrontar o ser exterior aos nossos limites, apenas rompendo-os – e assim, nos identificando com tal abertura. Mas isto em virtude do fato de que também o ser é originariamente faltante a si mesmo, desde o momento em que o fundo das coisas não é constituído de uma substância, mas de uma abertura originária. A isso – a tal

---

[10] *Ibid.*, p. 53.

[11] *Ibid.*, p. 54.

hiância – chegamos nas experiências-limite que nos subtraem de nós mesmos, do controle máximo de nossa existência. Porém estas experiências são apenas o efeito antropológico – ou a dimensão subjetiva – do vazio do ser que as origina: como um grande furo feito de muitos buracos que alternativamente se abrem para o seu interior. Neste sentido, pode-se muito bem dizer que o homem é a ferida de um ser que, por sua vez, sempre esteve ferido. Isto significa que quando se fala do ser-em-comum ou "comunal" como do contínuo sobre o qual recai toda existência que tenha rompido os seus próprios limites individuais, é preciso não entender tal contínuo como algo homogêneo – esta é precisamente a perspectiva niilística. Nem propriamente como o ser – ou como o *Outro* do ser. Mas, sobretudo, como aquele turbilhão – o *munus comum* – no qual o contínuo junta-se ao descontínuo, como o ser com o não-ser. Este é o motivo pelo qual a comunicação "maior" não tem o aspecto de uma soma ou de uma multiplicação, mas o de uma subtração. Ela não passa entre o um e o outro, mas entre o outro do um e o outro do outro: "Para além do meu ser existe antes de tudo o nada. Pressagia a minha ausência na dilaceração, no sentimento penoso de um vazio. A presença de outrem se revela através deste sentimento. Mas ela é plenamente revelada apenas se o *outro*, por sua vez, se inclina ele também sobre a borda do seu nada, ou se aí cai (se morre). A *comunicação* ocorre somente *entre dois seres colocados em jogo* – dilacerados, suspensos, inclinados ambos sobre o seu nada (*l'un et l'autre penchés au-dessus de leur néant*)"[12].

8. Pode-se muito bem dizer que, com Heidegger e Bataille, o pensamento novecentista sobre a comunidade atinge um ponto de máxima intensidade, assim como o seu limite extremo. E isto não porque, na sua filosofia, eles não experimentem mais de uma concessão na direção mítica regressiva; e nem mesmo porque em torno deles e depois deles não se registrem aprofundamentos, desenvolvimentos, novas intuições reconduzíveis, a título diverso e com diversa declinação, à questão do *cum*, como demonstram os escritos – e as vidas – de S. Weil, D. Bonhoeffer, J. Patocka, R. Antelme, O. Mandelstam, P. Celan. Mas porque também

---

[12] *Ibid.*, p. 51.

estes só puderam pensar a comunidade a partir do problema colocado, e não resolvido, por Heidegger e Bataille. É o mesmo motivo pelo qual tudo isto – a filosofia, a sociologia, a politologia da segunda metade do século passado – que nos separa deles permanece no esquecimento da questão da comunidade. Ou, pior, contribui para a sua deformação exatamente onde a reduz – e desmerece – a defesa de novos particularismos. A esta deriva – experimentada e produzida por todos os debates correntes sobre individualismo e comunitarismo – só há alguns anos corresponde, em particular na França e na Itália, a tentativa de reencaminhar uma nova reflexão filosófica sobre a comunidade a partir exatamente do ponto em que a precedente foi interrompida, na metade do século passado[13]. A necessária invocação de Heidegger e Bataille que a conota se faz acompanhar, entretanto, da consciência de estar no inevitável esgotamento do seu léxico – isto é, em uma condição, ao mesmo tempo, material e espiritual, que eles não puderam conhecer até ao fundo.

Aludo uma vez mais ao niilismo – e mais precisamente à posterior aceleração que nos últimos dez anos do século passado se produziu dentro da sua ininterrupta "completude". É mesmo ela que provavelmente consente – mas também impõe – uma reabertura do pensamento sobre a comunidade em uma direção que Heidegger e Bataille puderam apenas intuir, mas não tematizar. Qual? Sem presumir uma resposta exaustiva àquela que constitui a pergunta do nosso tempo, é inevitável voltar uma vez o olhar para a figura do 'nada'. "A questão – escreve o autor contemporâneo a quem, mais do que qualquer outro, cabe o mérito de ter reaberto uma passagem no fechamento do pensamento sobre a comunidade – é sobretudo saber como se concebe o próprio 'nada'. Ou é o vazio da verdade, ou não é nada mais que o mundo mesmo e o sentido do ser-no-mundo"[14].

---

[13] Os livros a que aludo são os seguintes: J.-L. Nancy, *La communauté désœuvrée*, Paris, 1986 (trad. it. *La comunità inoperosa*, Napoli 1992; M. Blanchot, *La communauté inavouable*, Paris, 1993 (trad. it. *La comunità inconfessabile*, Milano 1994); G. Agamben, *La comunità che viene*, Torino, 1990; R. Esposito, *Communitas. Origine e destino della comunità*, cit.

[14] J.-L. Nancy, *Le sens du monde*, Paris, 1993 (trad. it. *Il senso del mondo*, Milano, 1997, p. 62).

Como entender esta alternativa – e trata-se verdadeiramente de uma alternativa? Poderia se observar a este propósito como a partir de um certo ponto de vista seja exatamente a ausência – e até mesmo o deserto – da comunidade que indica a exigência como aquilo que nos falta, e assim a nossa própria falta. Como um vazio que não pede para ser preenchido por novos e antigos mitos, mas, sobretudo, para ser reinterpretado à luz do seu próprio 'não'. Porém a frase de Nancy citada acima nos diz algo mais e mais preciso do que poderemos resumir desta maneira. A saída a que levou a extrema completude do niilismo – o desenraizamento absoluto, a técnica desdobrada, a globalização integral – tem um rosto duplo, duas faces que se trata não apenas de distinguir, mas também de fazer interagir: pode-se dizer que a comunidade não seja nada além do limite que as separa e as une. Por um lado, o sentido fica dilacerado, rompido, desertificado – e este é o aspecto destrutivo que bem conhecemos: o fim de toda generalidade de sentido, a perda de domínio sobre o significado complexo da experiência.

Mas, por outro lado, mesmo esta desativação, esta devastação do sentido geral abre o espaço da contemporaneidade à emergência de um sentido singular, que coincide exatamente com a ausência de sentido e ao mesmo tempo a inverte no seu oposto. É precisamente quando se rebaixa cada sentido já dado, disposto em um quadro de referência essencial, que se torna visível o sentido do mundo enquanto tal, invertido na sua exterioridade, sem se referir a qualquer outro sentido, ou significado, que o transcenda. A comunidade é apenas um confim e um trânsito entre esta imensa devastação de sentido e a necessidade de que cada singularidade, cada evento, cada fragmento de existência seja em si mesmo sensato. Ela se reporta ao caráter, singular e plural, de uma existência livre de todo sentido pressuposto, ou imposto ou pós-posto. De um mundo reduzido a si mesmo – capaz de ser simplesmente aquilo que é: um mundo planetário, sem direções nem pontos cardeais. Um nada-além-de-mundo. É este nada em comum que é o mundo prestes a nos comunalizar na condição de expostos à mais dura ausência de sentido e, contemporaneamente, à abertura de um sentido ainda impensado.

# FILÓSOFOS EM COMUNIDADE. NANCY, ESPOSITO, AGAMBEN*

Davide Tarizzo

## 1. A comunidade de Nancy

Além de ser o autor de importantes ensaios críticos, escritos com o amigo Philippe Lacoue-Labarthe, sobre Jacques Lacan (*O título da carta*), o primeiro romantismo alemão (*O absoluto literário*) e, mais recentemente, a ideologia nazista (*O mito nazista*), Jean-Luc Nancy já está situado como uma das figuras de destaque do panorama filosófico francês. Discípulo de Derrida, ele estreou propriamente com um ensaio sobre Hegel (*A observação especulativa*), para dedicar-se em seguida ao estudo sobre os clássicos do pensamento filosófico (de Descartes a Kant, até Nietzsche), sempre caracterizado por uma notável originalidade.

A tese filosófica de Nancy é, porém, anunciada pela primeira vez, com clareza, em um texto dos anos oitenta, "*O imperativo categórico*", e em particular no último ensaio daquela coleção, "*O ser abandonado*". A tese esboça-se logo como uma ontologia, ou como uma reflexão sobre o significado do ser, centrada sobre uma idéia não muito simples: *a localização do ser*. Para dizer que uma coisa existe ou é, nós dizemos costumeiramente, seja em francês, seja em italiano, que aquela tal coisa há. É a mesma idéia de Heidegger, quando fala de uma *Presença*

---

* Tradução: Dirceu Soares.

*(Dasein)*, de um "estar-aí", redefinindo assim o homem. E é daí que Nancy parte novamente. "Haver não corresponde a uma criação ontológica, mas a um atributo local: localiza o ser, isto é, o abandona ao refugo do local".[1] A idéia de fundo é, portanto, aquela de um abandono do ser. Mas, um abandono de quê e por que razão? Por quem ou por que o ser é abandonado, e de quem ou de quê? A resposta pressupõe a desconstrução da metafísica, efetuada antes por Heidegger e depois por Derrida. Em poucas palavras, como Nancy observa, nós não dispomos mais hoje de um *nome* do ser, não podemos mais definir o ser em termos de essência, de princípio, de causa, de substância, etc.

É isto o que Heidegger chama o esquecimento do ser: o ser não se afirma como essência, como princípio ou fundamento, ao contrário do que consideram os metafísicos, que assim traíram o ser – ou simplesmente o esqueceram. Em conseqüência, o ser se afirma de muitos modos, como já salientava sabiamente Aristóteles. E o ser, dessa maneira, é abandonado à multiplicidade das suas definições, um abandono que se entende como uma abundância do ser, uma superabundância ou um excesso do ser frente a toda sua nominação. O ser só pode ser localizado caso a caso como um certo estar-aí, como um certo estar-aqui.

"O ser abandonado já começou a constituir, sem que nós o soubéssemos e sem que sequer pudéssemos saber, uma condição incontornável do nosso pensamento, e talvez realmente a sua única condição. A ontologia que nos é agora exigida é uma ontologia pela qual o abandono permanece o único predicado do ser, ou o transcendental, no sentido escolástico da palavra. Se o ser continuou a se dizer de muitos modos – "POLLAKOS LEGETAI" – o abandono todavia não acrescenta nada ao fervilhar do POLLAKOS. Se por acaso o reassume, o recolhe, mas exaurindo-o, levando-o à extrema pobreza do abandono, o ser se diz abandonado por todas as categorias e pelos transcendentais".[2]

---

[1] J.-L. Nancy, *L'impératif catégorique*, Flammarion, Parigi, 1983, p. 145.
[2] *Ibid.*, p. 141.

O ser é, portanto, abandonado pela idéia de uma sua nominação única, ou – digamos – da própria idéia, entendida em sentido platônico. Mas o abandono não se compreende, por sua vez, sob pena de cair em um círculo vicioso, como uma idéia do ser. Antes, o ser é abandonado à multiplicidade das suas idéias, das suas definições, entre as quais não podemos mais estabelecer nenhuma hierarquia. E é esta a lei do abandono, uma lei que corresponde à lógica do banimento: o ser é banido no sentido de que não corresponde a nenhuma lei, a nenhum nome, a nenhuma definição, mas é abandonado a cada uma delas. E, ao mesmo tempo, o ser não contesta nem mesmo a lei do abandono no sentido de que tal lei fica entendida como a menor parte a surgir de cada lei do ser: o ser é, a saber, a exceção, aquilo que faz exceção a cada lei, a cada definição, autorizando a cada lei, às leis mais diversas, e a qualquer nome, de aplicar-se ao simples estar-aí.

"Entregar-se sempre a uma lei. A revelação do ser abandonado compara-se ao rigor sem limite da lei à qual ele se encontra exposto. O abandono não é uma citação a apresentar-se de frente a um certo artigo de lei, mas é um dever a apresentar-se absolutamente sob a lei, sob a lei enquanto tal e na sua totalidade.

Em termos equivalentes, e é a mesma coisa, ser banido não quer dizer encontrar-se submetido a uma certa disposição da lei, mas à lei completa. Entregue à supremacia da lei, o banido é apenas abandonado aos de fora de sua própria jurisdição. A lei do abandono impõe que a lei se aplique, retraindo-se. A lei do abandono é diferente da lei, que faz a lei".[3]

Assim mesmo, enfim, o ser é abandonado a si mesmo, mas reencontrando-se ao mesmo tempo sem um Si, sem uma identidade, sem um nome que o individualize e o identifique, sem uma lei que dele formule o ordenamento. "Membra disjecta", o ser é no final abandonado ao seu simples estar-aí, ao seu estar-aqui, caso a caso, que escapa ao pensa-

---

[3] *Ibid.*, p. 149-150.

mento e ao mesmo tempo liberta o próprio pensamento. "Seria preciso enfim deixar-se abandonar. E é isto que talvez queira dizer, ao exagero da palavra, *pensar*".[4] O ser é desamparado e, por isso, *não se domina*. Não tem nenhuma soberania sobre si mesmo, porque não tem alguém consigo. E ninguém pode, portanto, reclamar a soberania sobre o ser. O ser encarna melhor a exceção fundadora da soberania: a exceção à lei, ou à soberania, que torna de tal modo cada lei, que torna cada nominação do ser uma *legislação*, ou um ato de soberania, sobre o ser desnudo e abandonado, sobre o ser fora da lei.

E a partir daqui se poderia reler *toda* a obra de Nancy, que corresponde a uma aplicação rigorosa e sistemática desta particular *lógica* do abandono (ou da lei, ou da soberania) de diversos campos de experiência e de diversos conceitos filosóficos, incluído naturalmente aquele da experiência. Que coisa é, por exemplo, a comunidade de que trata *A comunidade inativa*? Para compreendê-la, não devemos pressupor nenhuma idéia, paradoxalmente. Partindo da lógica da idéia, devemos, se for o caso, entrar em uma lógica diferente: a comunidade segue motivada, em essência, não a partir de uma certa idéia, mas a partir de uma certa lógica, a *lógica* da comunidade. E é isto o que ressalta o termo francês *désoeuvrée* (introduzido por Blanchot e traduzido em italiano por *inoperante*):[5] a comunidade *désoeuvrée* quer significar de fato a comunidade *não ativa*, a comunidade desativada, desmobilizada, neutralizada, a comunidade com motor extinto. E como é esta comunidade? É uma comunidade que não tem qualquer idéia de si mesma, que não tem a mínima idéia do que significa o termo "comunidade". É a nossa comunidade, portanto, a comunidade que nós *hoje* compomos: uma comunidade desorientada sobre o próprio sentido da nossa vida-em-comum. Segundo Nancy, todavia, isto não deve ser um motivo de aflição. Já que a comunidade abandonada ao seu simples vida-em-comum, privada já de um nome e de uma essência, é a única comunidade

---

[4] *Ibid.*, p. 149.

[5] Cf. J.-L. Nancy, *La communautée désœuvrée*, Bourgois, Parigi, 1986 (*La comunità inoperosa*, trad. it. A. Moscati, Cronopio, Napoli, 1992).

possível, a comunidade que se torna toda comum, sem barreiras identificáveis, raciais ou de outro tipo, que correspondem, ao contrário, à lógica da idéia, do discurso da idéia, ou à *ideo-logia*.

Ironia da sorte, o livro sobre a comunidade chegará não muito bem recebido na Alemanha, onde a palavra "comunidade" basta para evocar lembranças inconvenientes, como a *Volksgemeinschaft* nazista. E Nancy será acusado realmente de difundir uma ambígua mensagem *ideológica* – coisa que viola evidentemente a própria premissa do seu livro.[6] De qualquer modo, a polêmica o induzirá a mudar de rota e a redirecionar o seu pensamento. O aspecto que se precisa de fato ter em mente é que aquela *lógica* filosófica de Nancy é verdadeira e peculiar, uma lógica que pode ser aplicada tanto ao conceito de comunidade quanto ao conceito de liberdade, ou de partilha, ou de corpo como acontecerá depois em série. É uma lógica: mas não uma lógica que aconteça sobre a seqüência de idéias de uma abstração teórica. É, ao contrário, uma lógica *da experiência*. Mas como se pode adquirir experiência de uma lógica? Claramente, fazendo experiência do pensamento, ou do "*logos*" enquanto tal. E é este o argumento de *A experiência da liberdade*, uma das principais obras de Nancy, às vezes subvalorizada em circunstância crítica (Derrida, por exemplo, no texto "*Le toucher – Jean-Luc Nancy*", dela fala muito pouco).[7] Um dos capítulos deste livro se intitula significativamente "*Filosofia: lógica da liberdade*". Mas como pode existir uma lógica da liberdade, e mais em geral da experiência? A experiência, como a liberdade, de resto, não é de fato aquilo que desafia toda lógica? Não é alguma coisa que afasta ou precede a lógica? Como se

---

[6] "Querendo tomar como exemplo extremo e certamente caricatural, pode acontecer que um crítico alemão de esquerda tenha definido como nazista este livro, declarando que (cito de memória): "para responder às questões colocadas pela nossa sociedade, Nancy não tem nada melhor para propor que a comunidade, isto é no fundo Volksgemeinschaft, da qual conhecemos o triste passado". Alguém que tenha lido este livro facilmente irá compreender que é difícil incorrer em um contra-senso maior" (J.L. Nancy, "Prefazione all'edizione italiana", *in La comunità inoperosa* cit., p. 8).

[7] J. Derrida, *Le toucher – Jean-Luc Nancy*, Galilée, Parigi, 2000.

pode enjaular a liberdade, ou a experiência, em uma certa lógica que, em princípio, deveria torná-la previsível, e por isso menos livre e surpreendente?

Mas eis que a lógica de Nancy é, por lembrete, uma lógica da surpresa. O que é a "liberdade" de que ele fala? É a liberdade da existência: de uma existência que não possui alguma essência, ou que não corresponde a uma idéia. "A existência é a essência de si mesma"; sobre esta simples definição é elaborado todo o livro, recheado ainda de um copioso diálogo com Heidegger. E a liberdade é, antes de tudo, isto: a liberdade da existência *da* essência. Não estamos tão totalmente distantes da lógica do abandono, como se evidenciará imediatamente. A existência corresponde, de fato, à experiência de uma liberdade da existência *da* essência, assim como o abandono do ser corresponde à dissolução ou à absolvição do ser *por* qualquer lei, por qualquer legalidade (teórica e/ou moral) do ser. E por que se trata realmente de uma experiência? Porque não se trata de uma *idéia*. A liberdade não quer dizer qualquer coisa que se possa teorizar e, portanto, prever, recaindo assim em uma abstrata *ideo-logia*. Trata-se, ao invés, de qualquer coisa que se pode unicamente *experimentar*, caso a caso, de maneira singular. Não somente, mas quando se afirma tal experiência, este modo de dizer (a nossa liberdade) será ele mesmo uma experiência. Uma experiência do pensamento. Ou um experimento de liberdade. (Neste sentido, o discurso de Nancy não obedece mais a um paradigma *teórico*, mas a um paradigma *experimental* da filosofia; não se formulam mais teorias, em essência, mas se realizam, ao invés, experimentos de pensamento ou experiências de liberdade.)

O que resta agora de *lógico* nesta experiência, neste experimento? A lógica da própria experiência como lógica da surpresa. A existência libertada da essência, ou a existência que é a essência de si mesma é de fato a surpresa enquanto tal: o "acontecer" da existência, ou o desmoronar-se em cima do ser (aquele que Nancy define apenas o *valor* do ser). A existência sem essência é, em suma, a existência *imprevisível*, que toda vez sobrevive a si mesma, é o próprio *evento* de uma existência, do qual se faz a experiência e com o qual é feita a experiência (que como tal é sempre a experiência de alguma coisa que não podíamos prever, ou de um simples *evento* que inesperadamente nos pega de surpresa). Isto esclarece porque a de Nancy seja uma *lógica*: porque o evento do ser não se pode interpolar em uma idéia, porque o pensamento não pode aprisionar em uma idéia a surpresa do ser, mas dela pode fazer sozinha a experiência. E esta experiência do ser, da surpresa e liberdade do ser, é o "*logos*" como tal – a lógica do pensamento, vale dizer, a lei que regula as relações entre o pensamento e o ser. Uma lei da liberdade ou da livre experimentação do ser que (como a lei do abandono) desnuda e libera o ser de toda legalidade, para expô-lo e abandoná-lo à própria lei, ao pensamento, ou à livre especulação (este duplo e paradoxal mecanismo de *liberação e exposição* do ser à lei, ou às leis sempre diferentes do pensamento, é a *lógica* do próprio pensamento).

*A experiência da liberdade* nos oferece assim a oportunidade de fornecer também uma definição do mal: o mal é a pura e simples negação da liberdade do ser. E é agora evidente que tal negação consiste em uma captura e imobilização do ser em uma certa idéia, ou em uma certa ideo-logia. Se o ser é livre, ou, em outros termos, se o ser é desvinculado de toda essência, a lógica do ser não é lógica de uma ideo-logia qualquer, mas a lógica de uma divisão ou de uma *partilha*, que significa ao mesmo tempo decomposição e participação do ser. Em suma, o ser é aquilo em que todos nos dividimos, aquilo que todos temos em comum: cada um, porém, na sua absoluta singularidade, ou na singularidade de cada surpresa isolada e superveniência do ser, de todo evento singular do ser, que é sempre *localizado* em um certo aqui e em um certo agora. E é esta a divisão do ser: o "retrait", o retrair-se do ser, diz Nancy, isto é, a diminuição da possibilidade de *conceber* o ser como uma essência comum a todas as coisas. O ser, ao invés, se solidifica em toda sua singular ocorrência e, portanto, é sempre *singular-e-plural*. Não é uno: não existe *um* princípio, *um* fundamento ou *uma* essência da existência. "A existência é a essência de si mesma" significa que cada singular existência é uma essência, é uma livre ocorrência do ser enquanto tal, ou uma localização originária do ser.

Disto torna a tratar uma obra posterior de Nancy, *Ser singular plural,* que retoma o filão de um ensaio precedente, *O sentido do mundo*, e é talvez o ponto mais acabado da sua ontologia (na qual volta a aflorar também indiretamente o problema já abordado em *A comunidade inoperante*, o de uma ontologia política). O sentido do título é este: o ser é singular, porque se solidifica em cada uma existência, e é plural porque corresponde simultaneamente às diversificações (ou multiplicações) da existência singular. Em outras palavras, a singularidade do ser é a sua pluralidade: não pode haver, de fato, uma singularidade sem *muitas* singularidades, que se tornam vivencialmente singulares. É esta a lógica da divisão, e é esta a lógica do sentido – a lógica *tout court* (simplesmente). O que é, de fato, o sentido? "*O sentido somos nós*", responde Nancy no capítulo inicial da obra. E nos basta traduzir a definição anteriormente ilustrada, "a existência é a essência de si mesma", naquela equivalente "a existência é o sentido de si mesma", para captar imediatamente o sentido do sentido: de um lado, "o próprio ser nos é dado como sentido"; e do outro, "o sentido é ele mesmo a divisão do ser".[8] Dito de outra forma, o ser é a singularidade-e-pluralidade da existência, que é toda vez o sentido de si mesma, que encarna a divisão do sentido, do ser como sentido, em toda ocorrência singular do ser. Não há um Sentido (último, fundador) da existência, portanto, mas o sentido se localiza de vez em quando em diversos pontos, que são as mesmas fontes de sentido do ser. E cada ponto é tornado *singular* pela existência de uma pluralidade de outros pontos, que se tornam reciprocamente singulares. Neste exato *sentido*, a existência é sempre uma coexistência. E o sentido do ser é o simples "com" da existência: o ser-uns-com-os-outros, que é o sentido, cada vez singular e diferente, *plural*, da nossa "comum" existência.

Daí, o projeto da obra, que não formula nenhuma conclusão, mas expõe um apropriado e verdadeiro programa de pesquisa: estabelecer a condição de uma crítica da nossa sociedade na base, não mais de uma análise de caráter social, político ou econômico, mas de uma filosofia primeira, ou seja, de uma ontologia do ser, entendido como ser-em-comum, ser-com, ser-uns-com-os-outros. Esta crítica não vem realmente

---

[8] J.-L. Nancy, *Essere singolare plurale*, trad. it. di Davide Tarizzo, Einaudi, Torino, 2001, p. 6.

desenvolvida no livro, mas apenas projetada, programada, sob o pretexto de uma retomada do projeto heideggeriano de uma ontologia fundamental, não mais concentrada (como em *Ser e tempo*) em uma analítica existencial, mas em uma analítica *co*-existencial. E esta analítica co-existencial desmonta o próprio projeto de uma crítica, o programa ideo-lógico de toda crítica: se o ser não tem um Sentido, disseminando-se, ao invés, na singularidade/pluralidade do ser-com, nós não podemos acreditar exercer uma crítica que não seja desde sempre ideo-lógica. De onde deveria desenvolver-se tal crítica, e quem poderia desenvolvê-la? Se o ser é a localização singular-plural da existência, que distribui o sentido da existência, não existe um Lugar privilegiado no qual se desenvolve uma *crítica* qualquer: porque qualquer lugar (do ser) equivale ao outro, possui o mesmo valor absoluto de todos os outros. A crítica é, por conseguinte, inevitavelmente ideo-lógica, reproduz sempre o fantasma de um Sentido do ser, que traduz, porém, a *lógica* do sentido, ou seja, a lógica do ser. Pela qual Nancy pode concluir que "nós compreendemos, compreendendo-nos, que não há nada para compreender – mas isto quer dizer, de modo muito preciso, que não há apropriação do sentido, porque o *sentido* é a partilha do ser".[9] O pensamento, a linguagem, a filosofia não podem dizer "*aquilo que só pode ser dito*", ou seja, não podem concentrar em uma só idéia o "com" singular-plural do sentido: "*O LOGOS é diálogo*".[10]

A ontologia de Nancy é, portanto, uma ontologia da *localização* singular-plural do ser: é, em outros termos, uma ontologia dos corpos. "A ontologia do ser-com é uma ontologia dos corpos, de todos os corpos".[11] A localização do ser (sua *des-locação,* afirma também Nancy) só pode ser uma localização dos corpos nos quais o ser se deposita e se expõe. E esta exposição de um corpo ao outro, esta disposição ou deslocamento recíproco dos corpos, constitui a sua relação de sentido: o elemento *incorpóreo* do sentido, que a linguagem exprime. A ontologia

---

[9] *Ibid.*, p. 131.

[10] *Ibid.*, p. 116-117.

[11] *Ibid.*, p. 113.

dos corpos é também, por conseqüência, uma ontologia do incorpóreo. É, pois, sempre, ao mesmo tempo, uma ontologia dos corpos e uma ontologia do sentido (do ser) como elemento incorpóreo, como espaço no qual os corpos de deslocam. Um espaço que, porém, não preexiste aos corpos, mas é desenhado e configurado todas as vezes pela disposição e exposição recíproca dos próprios corpos. O sentido, então, não é com certeza a relação entre um corpo e o outro, mas a configuração cada vez diferente que assume o "com", e que a palavra chega a exprimir – não de um ponto de vista externo à relação, mas interno à relação e deformado sempre pela singular perspectiva de um certo corpo sobre todos os outros. O que nos conduz, enfim, a *Corpus*, a obra talvez mais avançada e corajosa de Nancy.

O assunto do livro é simples: "A ontologia não se encontra ainda esclarecida pelo ângulo de que se trata fundamentalmente de uma ontologia do corpo: do lugar de existência ou da *existência local*". O corpo, todavia, não se situa jamais em um espaço já existente, mas *dá lugar* à própria existência: o corpo, em outros termos, *espacializa* a existência. E exatamente por esta razão: "a ontologia do corpo é a própria ontologia".[12] O que levanta, porém, a interrogação de fundo, em torno do qual gira todo o ensaio: O que é agora a *psique*? Existe algo de similar? Nancy compartilha a propósito de uma nota póstuma de Freud que coloca o problema de maneira fascinante e, em seu parecer, decisiva: "a psique é extensa: dela não se sabe nada (*Psiche ist ausgedehnt: weiss nich davon)*". O que significa simplesmente em primeira abordagem que a psique é o próprio corpo. Mas o que quer dizer isto? Quer dizer porventura que existe somente o corpo e não a psique? Em realidade, não. Porque a psique encarna eventualmente a *lógica* do corpo. O corpo é de fato sempre o corpo do sentido, ou seja, a partilha do sentido (do ser) nos diversos corpos. A ontologia dos corpos, como temos dito, é sempre ao mesmo tempo uma ontologia do incorpóreo, do *sentido* para crítica. E o único elemento incorpóreo do corpo não pode ser outro senão o seu *limite*. É o limite que expõe cada corpo

---

[12] J.-L. Nancy, *Corpus*, Métailié, Parigi, 1992-2000, p. 17.

singular como corpo do sentido, ou como corpo enquanto tal. É o limite de cada corpo que separa os corpos entre si. Assim, a lógica do corpo é uma lógica do limite. E a psique não é diferente. "É o próprio sentido que flutua, para terminar ou para começar, sobre seu limite: e este limite *é o corpo*". O corpo é, portanto, *a exposição* do sentido (do ser). E esta exposição não é outra coisa senão a exposição do *limite* do corpo: um limite que não representa o *sentido do corpo*, de um sentido (ou de uma idéia) que preexista no próprio corpo, porém o *corpo do sentido* aqui e agora, toda vez *este* corpo – o meu, o teu, o seu, o nosso."*Hoc est enim corpus meum*". "O corpo expõe a violação de sentido que a existência realiza, simplesmente e absolutamente."[13]

Isso termina colocando novamente em primeiro plano um problema aparentemente antigo, que todavia representa talvez o segredo básico (mais ou menos) de toda a obra de Nancy: o problema do sujeito. É impossível, obviamente, que se possa ainda falar de um sujeito que preexista ao próprio corpo, ou que constitua o *sentido do corpo* (que dê, a saber, um sentido ao corpo adequado, do interior do próprio corpo, como "res cogitans", por exemplo). Porém o *corpo do sentido*, a lógica do limite, a lógica do corpo, vale dizer, a *psique*, coloca, seja como for, o problema de um outro sujeito (e Nancy a propósito remete, aqui e em outro lugar, à reflexão de Lacan e dos pós-lacanianos sobre a questão). O corpo toca de fato sempre o *próprio* limite: e o toca no impacto com outros corpos. Toca-o, portanto, no instante em que toca um corpo diferente: o que torna inadequado o próprio corpo. Não existe um corpo próprio: não existe um dentro, uma interioridade do corpo. Uma vez mais, não existe um sentido do corpo. A psique não é isto, porém o corpo do sentido. O corpo é "a massa, a espessura, uma consistência local densa. Mas esta não se concentra no dentro, em *si*; o seu *si* é, ao invés, *o de fora*". O si (ou o sujeito) não se entende, pois, como algo que se toca, que se sente, refluindo na interioridade de um Si que

---

[13] *Ibid.*, p. 23-24. Assinalamos, para os leitores da língua alemã, que Nancy não discute outra interpretação possível para a frase de Freud "*Psiche ist ausgedehnt: weiss nicht davon»*, que seria: "A psique é a mesma: eu não sou (weiss) nada".

existe já antes do corpo e que está dentro do corpo. Nancy prefere cunhar uma expressão diversa: "*se toucher toi*", " tocar-se a ti", em vez de "*se toucher soi*", "tocar a si mesmo ". Porque o corpo é uma objeção ao Si, é uma objeção à apropriação do corpo. E é esta "a matéria objetivada pelo sujeito".[14]

"Um corpo se expele: enquanto *corpus*, espaço espasmódico, estirado, rejeição-de-sujeito". O sujeito é como rejeitado do *próprio* corpo. É o *resto* do corpo: o limite que o corpo *expõe*, cada vez, como limite impróprio do sentido, limite do corpo, limite do *corpo do sentido*. O limite da dor, por exemplo, nos "oferece uma evidência intensa, na qual, longe de tornar-se *objeto*, o corpo em punição se expõe absolutamente *sujeito*. Aquele que destrói um corpo, enfurecendo-se sobre a evidência, não pode ou não quer entender que com cada golpe produz este *sujeito* – este "hoc" – sempre mais claro, implacavelmente claro". Se, portanto, "Psique não é Sujeito", não é o Sujeito que herdamos da filosofia do passado, pode-se de qualquer modo dizer que "com o corpo só há o sujeito". Sujeito que constitui, como a psique, a *lógica* do corpo – ou a lógica do limite, a lógica da experiência, a lógica da liberdade. Uma lógica da qual nós afloramos, na experiência de caso a caso singular, não de um corpo particular, mas de uma objeção do corpo à sua própria adaptação, que define o que *delimita* o sujeito de nova liberdade: um sujeito que não dispõe mais da própria liberdade, mas encarna melhor a própria liberdade, a liberdade indisponível da existência. Este sujeito não dispõe mais de Si e de um próprio corpo, mas *é o corpo mesmo*, é a experiência do corpo indisponível da existência: é a liberdade. "*Corpus ego*". "Não há experiência *do* corpo, assim como não há experiência da liberdade do resto. Mas a liberdade é a experiência, e o próprio corpo é a experiência: a exposição, o ter lugar.[15]

---

[14] *Ibid.*, p. 28, 36, 82.
[15] *Ibid.*, p. 25, 44, 84, 89, 94.

PARTE 1 – EPISTEMOLOGIA DA COMUNIDADE

## 2. A comunidade de Esposito

As reflexões de Roberto Esposito sobre o impolítico e a comunidade inspiram-se no mesmo horizonte filosófico do de Nancy. O problema específico que ele enfrenta é o seguinte: é ainda possível acreditar na política, é ainda possível uma *filosofia política*? A pergunta, por Esposito, não se justifica só pelo fracasso histórico das diversas filosofias da política, ou das diversas tentativas filosóficas de pensar na política (de Platão a Heidegger), porque se trata em realidade de compreender se a filosofia da política *como tal* não estaria por acaso condenada a *não* pensar a política. Cada filosofia da política assume, de fato, a forma de uma *representação* (do político). E a representação obedece, grosso modo, a duas exigências: aquela de impor uma certa forma ou uma configuração *lógica* à política; e aquela de "reportar os muitos ao Uno, os conflitos à Ordem, a realidade à idéia".[16] Os dois movimentos são simultâneos e coextensivos um ao outro. Trata-se sempre, a saber, de individualizar uma unidade, ontológica ou histórica, no conflito da singularidade que constitui ao invés a vivência quotidiana da política – unidade que pode, por exemplo, tomar a forma de uma utópica república ideal, ou de uma filosofia da história orientada teleologicamente para o seu "*happy end*" (e assim por diante). A pergunta de Esposito é agora muito simples: estamos seguros de que, assim fazendo, a filosofia política não deixa escapar alguma coisa?

A petição, de início, que ameaça todo o raciocínio é evidente: nós podemos formular esta pergunta só se *já sabemos* que a representação filosófica da política se permite, com efeito, evitar alguma coisa. Mas como fazemos para saber? Nós sabemos porque dispomos talvez de uma melhor representação da política, de uma representação mais verdadeira? Em outros termos, se criticamos a representação política do Uno, da Ordem, da Idéia, em nome dos muitos, do conflito, da realidade, como podemos fazer-nos porta-vozes desta pluralidade mais autêntica: o que nos autoriza a fazê-lo e como fazemos para conhecê-la?

---

[16] R. Esposito, *Nove pensieri sulla politica*, Mulino, Bologna, 1993, p. 17.

Certo, não podemos sair do *impasse* substituindo uma representação (a velha Idéia da política) por uma outra (a nossa), porque tudo isto não nos permitiria, seja como for, sair do círculo vicioso da representação. E nem mesmo podemos contentar-nos com um discurso meramente negativo sobre a política, de um tipo de filosofia negativa calcada sobre o modelo da teologia negativa, que traduz a representação em uma pura definição *em negativo* de Deus, porque nem mesmo assim, ao final, saímos do círculo da representação, mas nos limitamos a acrescentar um sinal menos a tudo aquilo que a representação representa. Ambas as soluções, aliás, são aquelas típicas da filosofia política tradicional, que é precisamente a filosofia da qual nos queríamos emancipar. Então, novamente: como fazemos para conhecer o impolítico (contrário à boa política), ou tudo o que escapa à *representação* da política? Qual lógica nos permite enfim concordar com uma jurisdição (que não seja uma representação) dos muitos, do conflito, da realidade? É este o problema em torno do qual gira uma das obras mais notórias de Esposito, *Categoria do impolítico*. "Qual seria, inicialmente, este *impasse*, que mais de uma vez repetimos? Ele diz respeito à infundabilidade de uma liberdade política que se recusa à centralização da representação. Que queira permanecer plural, e, portanto, unitariamente irrepresentável".[17]

Como foi dito, não se sai do *impasse* nem com uma nova representação da política, nem com uma representação somente *em negativo*: em ambos os casos, continua-se de fato a reconduzir ao Uno o impolítico, a fazer dele um corpo orgânico (e a filosofia política é, mais ou menos sempre, a representação de um Corpo) ou a transformá-lo em um nada substancial, em um Nada que é substância da representação. Melhor, trata-se de traçar os contornos do impolítico sobre bordas da sua própria representação (positiva ou negativa). Trata-se isto sim de defini-lo como o *limite* da representação, ou como o limite da mesma definição (que como tal se define, ou seja, *conclui* a representação). E é para assinalar isto, o rumo sobre o qual se encaminha Esposito, a partir da *Categoria do impolítico*. De uma parte, portanto, as suas análises não

---

[17] R. Esposito, *Categorie dell'impolitico*, Mulino, Bologna, 1999 (1988), p. 114.

se propõem tanto a definir uma representação própria da política quanto de *concluir* as representações alheias, as representações já admitidas da política. E de outra, estas mesmas análises se traduzem em uma filosofia do limite: a filosofia do impolítico se configura, a saber, como uma *lógica do limite* – do limite interno a cada representação da política, que é real aquilo que escapa à representação (o seu atributo de *perfeição*). Em tal sentido, Esposito afirma que "a política não pode ser conceituada de forma positiva: mas só a partir daquilo que se sobressai à sua margem externa". E é "crítica a esta progressiva restrição do âmbito de determinação afirmativa da política... que cria, de início, a noção de impolítico".[18] O que não quer dizer porém, ainda uma vez, que se incida em uma representação só negativa do impolítico (ou em um tipo de teologia negativa do impolítico), mas significa eventualmente que o impolítico funciona restrito *como limite*: como o limite da filosofia política. "É como se a categoria do impolítico fosse escavada do interior até perder qualquer identidade, ainda que negativa".[19]

O que explica, em primeiro lugar, por que os textos de Esposito são construídos como um comentário a textos alheios: porque se trata, cada vez, de caracterizar e denunciar o limite da filosofia política (com um exercício que potencialmente se poderia estender a todas as filosofias da política ocidental). E explica, também, por que ele se aproxima sempre mais de um pensador que tem refletido longamente sobre noções de limite: Georges Bataille (ao qual são dedicados o último capítulo de "*Categoria do impolítico*" e o último capítulo de "*Comunidades. Origem e destino da comunidade*", que prossegue e amplia as reflexões iniciadas anteriormente). Bataille é também o verdadeiro vínculo que liga Esposito a Nancy e a Derrida. São de fato evidentes as assonâncias entre a filosofia do impolítico e a desconstrução: em ambos os casos, a causa da argumentação é fornecida por uma crítica da representação. Porém, mais que a uma influência direta, ou a uma filiação verdadeira e adequada, convém neste caso pensar em um encontro, ou em um tipo

---

[18] *Ibid.*, p. 125-126.

[19] *Ibid.*, p. xxi.

de coincidência, entre reflexões filosóficas que provêm ambas afastadas de uma mesma origem. Por que, todavia, exatamente Bataille? A resposta à primeira vista é simples: o pensamento de Bataille é um pensamento do limite – e esta precisa *lógica* do limite, do qual se pode encontrar uma formulação para mais versos exemplares em *A experiência interior*, é a mesma que, através de Derrida, sobressai e volta à tona depois em Nancy. Mas há ainda uma segunda razão que explica o profundo interesse de Esposito por Bataille, vale dizer, o fato que a crítica da representação é desviada do mesmo Bataille em nome da "comunidade", ou seja, em nome de um conceito-chave da filosofia política, que lhe permite todavia romper definitivamente as amarras com a velha filosofia política. Bataille, em outros termos, desenvolve uma feroz crítica da representação (como *reductio ad unum*, como imposição forçada de uma ordem à realidade: pensa-se, para citar um só exemplo, no hegelianismo de Kojève, que foi mestre de Bataille) colocando em evidência o *limite*: o irrepresentável. Mas para ele, além disso, "tal irrepresentabilidade pode ser essa mesma representada" – "representada na sua radical ausência à modalidade da presença: e todavia representada". E, exatamente, "esta representação do irrepresentável é aquilo que Bataille chama *comunidade*".[20]

O motivo pelo qual não recaímos aqui no círculo vicioso da representação é que o irrepresentável se subtrai, neste caso, à modalidade da presença: é representado, a saber, *como irrepresentável*. Mas como faz a representação para entrar em contato com o irrepresentável, ou seja, a representá-lo sem representá-lo (e sem suprimi-lo)? É ainda a lógica do limite a dar-se uma resposta: o limite, de fato, não apenas divide, mas une ao mesmo tempo. É preciso, portanto, entendê-lo "como aquilo que *co*-divide: que une dividindo e divide unindo".[21] O termo chave é aqui "*partage*" (termo utilizado apenas por Nancy, como visto), ou seja, a co-divisão do limite: aquilo que está por um lado do limite co-divide o mesmo limite com aquilo que está do outro lado. O limite coloca em

---

[20] *Ibid.*, p. 299.
[21] *Ibid.*, p. 284.

*comunicação* aquilo que divide, exprimindo de tal modo a divisão uma *co*-divisão. E é exatamente este o sentido da *comunidade*: a comunicação (e a coexistência) daquilo que é co-dividido por uma parte e pela outra do limite. Neste preciso sentido, a representação do irrepresentável é então uma comunidade ou uma comunicação *entre* a representação e o irrepresentável – *reunidos pelo mesmo limite*. E a lógica do limite pode, portanto, ser definida uma lógica da comunidade.

Certo, a comunidade para permanecer de tal modo – para não recair *no interior* da representação, e para continuar, ao invés, a constituir o *limite* dela – não deve absolutamente curvar-se à Ordem e à Idéia de uma *indiscutível* representação. E é esta a razão pela qual o pensamento da comunidade é um pensamento que, como ocorre em Bataille, se dissolve em um *não-saber*. A representação da comunidade é, em outros termos, uma representação que se decompõe no mesmo ato de compor-se: é um "*desoeuvrement*" da representação. Para expressá-la novamente de outra forma, não há uma Concepção de comunidade – que de repente nos faria reincidir na "*reductio ad unum*" da representação. Da comunidade pode-se fazer somente a experiência: cada um de nós pode fazer dela a experiência. E pode fazê-lo comparando a si próprio com o limite da própria representação de si mesmo e dos outros. A comunidade equivale a uma experiência de limitação da subjetividade individual (do sujeito da representação). E esta experiência equivale, por sua vez, a uma peça no jogo de xadrez da representação, que se encontra no seu limite. Em tal sentido, Esposito observa: "É de fato a ruptura da identidade subjetiva... a condição da comunidade. Essa é formada não por uma série de temas, mas da sua exposição à perda da subjetividade".[22]

Daqui a idéia de uma *comunidade da morte*. É esta a autêntica comunidade, segundo Bataille. Mas por qual motivo a comunidade, para ser realmente tal, deve necessariamente ser uma comunidade da morte? Porque a morte é a irrepresentável por excelência. Em um certo sentido, podemos absolutamente dizer (ou este é pelo menos o modo

---

[22] *Ibid.*, p. 307.

pelo qual Esposito interpreta o pensamento de Bataille) que a experiência da morte coincide em tudo e por tudo com a experiência da comunidade. Ambas são de fato experiências de um limite, de um irrepresentável – e são, além disso, experiências *do mesmo limite*. Este limite é aquele que coloca em comunicação a representação com aquilo que lhe escapa e não lhe compete, expondo-a a respeito daquilo que não é *conveniente*. Mas não é exatamente a experiência da morte a colocar-se em comunicação com aquilo que nós *não* somos, ou com a nossa *impropriedade*? A morte é o faltar a nós mesmos, é aquilo que nos separa de nós mesmos: é aquilo "que nos coloca em comunicação com aquilo que nós *não* somos: com o nosso outro e com o outro de nós".[23] Portanto, a experiência da morte é uma experiência de desapropriação de nós mesmos. A morte não é jamais *minha:* é o faltar do que possuo. Ninguém pode viver a própria morte, a morte é sempre do outro. Mas nem mesmo o outro possui e vive a *sua* morte. A morte é em essência uma *impropriedade* que nos nivela a todos. E este é o segredo da comunidade: a "partilha da impossibilidade de morrer a *própria* morte".[24] A experiência da morte – entendida como "abandono de cada uma identidade não a uma identidade comum, mas a uma comum ausência de identidade"[25] – equivale, portanto, à experiência de uma comunidade: já que "a morte é a nossa *comum* impossibilidade de ser aquilo que nos esforçamos para continuar a ser: indivíduos isolados".[26]

Portanto, a lógica do limite – daquilo que é *impróprio* à representação – se traduz em uma lógica da morte. E é exatamente este o sentido da comunidade. O que implica que a experiência da morte seja possível somente na perspectiva de uma comunidade, porque só graças à experiência de uma "comunicação" com aquilo que eu *não* sou, ou co-dividindo um limite que me desvia de mim mesmo e me expõe acerca do

---

[23] R. Esposito, *Communitas. Origine e destino della comunità*, Einaudi, Torino, 1998, p. 136.
[24] R. Esposito, *Categorie dell'impolitico* cit., p. 308.
[25] R. Esposito, *Communitas. Origine e destino della comunità* cit., p. 143.
[26] *Ibid.*, p. 139.

*impróprio*, eu posso fazer experiência da morte. E implica também a impossibilidade de avaliar até em profundidade (retratar) a comunidade, porque para fazê-lo devemos avaliar (retratar) o nada, a morte, o *irrepresentável*, ou seja, "a comunicação... entre dois seres colocados em jogo – dilacerados, suspensos ambos sobre o seu nada".[27] Em tal sentido, a comunidade constitui na verdade a representação do irrepresentável: ela é o limite de toda representação política da realidade. É este o nome da realidade, do conflito, dos muitos – traídos pela representação política da realidade, pela Organização, pela Idéia da filosofia política. *Comunidade*.

Mas este nome, com efeito, não representa nada, é o desfalecer da própria representação. A expressão da comunidade aflora só da crítica (ou daquela que podemos definir a desconstrução) das representações já determinadas pela política. Este sentido da comunidade coincide, de resto, com a raiz etimológica do termo *comunidades*. Como Esposito argumenta na sua *Introdução a Communitas*, trata-se de fato da *qualidade de nada* (da *cum munus*, que significa "vazio, dívida, presente"). De novo, não se deve aqui substancializar o nada porque a qualidade de nada fica compreendida, mais precisamente, como um *dom do limite* ou um *dom de morte* – de uma morte que todavia torna inapropriado o doador, o sujeito, do *seu* dom. A comunidade é agora um dom do limite, ou um dom de morte, no sentido de que é *a própria morte a presentear* a comunidade (a comunidade, o ser-em-comum, dos doadores que co-dividem o mesmo dom: *a mesma impropriedade*). A comunidade é um "nada em comum", ou seja, um limite em comum, aquele limite compartilhado por aquilo que está de um lado e aquilo que está do outro *do mesmo limite*. Razão pela qual a comunidade não reingressa e não pode reingressar em cada uma das representações da política, mas é aquilo que permanece sempre *entre* uma e outra: *é o limite que ambas co-dividem*.

O impulso metafísico deste pensamento da comunidade aparece bastante claro nesta explicação. E pode tornar-se útil acentuá-lo por

---

[27] *Ibid.*, p. 140.

colocar bem em evidência dois pontos posteriores da filosofia do impolítico. Em primeiro lugar, se não pode ser uma simples representação da comunidade, do impolítico, daquilo que é impróprio à representação, agora o impolítico não é algo mais, alguma coisa diferente da filosofia política, mas, sim, o imprevisto de toda filosofia política: é sempre a mesma representação da política (aqui não são outras), mas desconstruída. É este um ponto sobre o qual Esposito insiste e mais recomendou: "Que coisa afirma o impolítico? Que não há outra política da política. Mas, assinalo, por isso ela é fechada – mais propriamente: determinada – da identidade consigo mesma. Não é outro para si. A sua potência é limitada àquilo que ela é." Em outras palavras, o pensamento impolítico traça simplesmente o limite da representação política. "Disto – da própria perfeição constitutiva – a política nem sempre está consciente. É constitutivamente levada a esquecê-la. O impolítico não faz senão *recordá-la*."[28] Em segundo lugar, o limite da filosofia política não é somente um limite epistemológico (um limite da representação como tal), mas um limite ontológico: a comunidade é de fato a representação do irrepresentável porque é a representação de um *vazio* – daquele intervalo de perfeição, do qual "nada em comum" que instituísse a comunidade. E que, instituindo-a, a torna *impossível*.

A comunidade, em outros termos, não pode combinar consigo mesma porque é uma "deficiência originária", é a própria deficiência de um Conceito de comunidade, que a torna impossível *de apresentar-se* a si mesma e assumir uma precisa identidade *própria*. "Esta – a impossibilidade para a comunidade de combinar consigo mesma, a sua não apresentabilidade histórica – estava desde o começo no centro da perspectiva impolítica",[29] afirma Esposito, comentando as teses formuladas dez anos antes em *Categorias do impolítico*. Isto explica porque toda filosofia política seja destinada a trair a comunidade: a identificá-la, e deste modo a *imunizá-la* da sua constitutiva ausência de identidade. A comunidade, ao contrário, é destinada a permanecer um conceito pura-

---

[28] R. Esposito, *Categorie dell'impolitico* cit., p. xvi.

[29] *Ibid.*, p. xxxi.

mente crítico, ou um conceito-limite da filosofia política. Porque ela é *ontologicamente impossível*. Não possui uma essência própria, uma identidade própria. É uma *impropriedade do ser*, que desacredita toda identificação ontológica. É um simples vazio de ser. Não estamos completamente ausentes, como o próprio Esposito acentuou inúmeras vezes, da "comunidade inoperante" de Nancy – caracterizada também ela pelo conflito com todo o conceito e toda a *essência* de comunidade (a fonte de inspiração de Nancy era, de resto, a mesma: Georges Bataille). Mas não estamos nem mesmo distantes da perspectiva filosófica do último Derrida. Pelo contrário, o parentesco com este último talvez seja ainda mais estreito.

Além do papel cada vez mais importante que em Esposito parecem hoje assumir os conceitos de imunidade e de imunização (a comunidade do veneno, a sua impossibilidade), conceitos sobre os quais também Derrida encetou uma pesquisa (porém mantendo a distância do vocabulário da comunidade),[30] surge o motivo *escatológico,* que reúne as duas correntes de pensamento. É verdade que Esposito, contestando os seus críticos, se esforça em salientar: "O impolítico é o fim de todo *fim da política*. Isso quer dizer que ele não pode ser entendido nem como uma forma de escatologia".[31] Todavia, é justamente porque rebaixa todo o fim, ou seja, toda a interpretação *teleológica* da política, que a inspiração profunda do pensamento impolítico pode ser definida como escatológica. Porque é a ruptura, o limite, que nos impede de ter acesso ao fim, que desenha os contornos de uma escatologia sem "*eskaton*", como a de Derrida.

Mas a escatologia não é definida *sempre*, no fim, por esse intervalo ou vazio entre a representação e o final: não é a representação do irrepresentável, ou seja, a representação de alguma coisa que fica sempre do outro lado da representação, impedindo-a de encerrar? E não é

---

[30] Cf., por exemplo, J. Derrida, "Fede e sapere. Le due fonti della «religione» ai limiti della semplice regione", *in La religione*, organizado por J. Derrida e G. Vattimo, Laterza, Roma-Bari, 1995.

[31] R. Esposito, *Categorie dell'impolitico* cit., p. xvi.

justamente esta a diferença substancial que acontece entre a teleologia (em que se representa o final) e a escatologia (em que se a representa, ao contrário, *como* irrepresentável)? Mais que invalidar o discurso de Esposito, esta explicação parece em realidade conferir-lhe um efetivo valor crítico: a comunidade se apresenta como um conceito regulador da filosofia política. O subtítulo de *Comunidades* representa, por outro lado, "*Origem e destino da comunidade*". Porque a comunidade é uma origem e é um destino, no sentido de que constitui um ponto desalinhado, um ponto além do horizonte, que nos ajuda a definir os *limites* de cada representação da política.

Em tal sentido, pode-se agora definir um conceito regulador: um conceito impossível e aporético, tal qual o conceito regulador está em Kant e tal qual ele retorna em Derrida. E assim, pode-se defini-lo como um conceito escatológico, seguindo, no fundo, os mesmos parâmetros do conceito kantiano de paz perpétua. Realmente Kant, além de tudo, é o filósofo que, segundo Esposito, realizou "o rompimento decisivo" relativamente a toda a filosofia precedente, trazendo a lume a nossa finitude. E "essa finitude – já se disse – exprime a impossibilidade da comunidade: é mesmo frente à sua realização que somos irremediavelmente finitos". Ainda que ela seja "aquilo que abre a possibilidade de imaginá-la pela primeira vez. Ou, ainda melhor, aquilo que na comunidade se deixa pensar."[32]

## 3. A comunidade de Agamben

O motivo escatológico, que permanece latente em Esposito, volta a aflorar explicitamente em Giorgio Agamben, sempre em relação com o problema da comunidade. O título de uma das suas obras mais notáveis é por si mesmo eloqüente: *A comunidade que vem*. E, com efeito, as reflexões de Agamben se colocam na mesma trilha de Esposito – e, após este último, de Nancy e de Derrida. Na *Categoria do impolítico,* encontramos já diversas alusões à questão do sagrado, que interessa de

---

[32] R. Esposito, *Communitas. Origine e destino della comunità* cit., p. 79.

perto a Agamben. Esposito lembra de fato a ambivalência etimológica do termo *sacro* (já salientada por Caillois e depois rediscutida por Bataille): "O fato de aqueles que ao observador externo parecem dois pólos separados e opostos – um que atrai, fascina, enfeitiça, o outro que repele, desgosta, aterroriza – serem as duas faces de uma mesma medalha, está provado pela ambivalência etimológica do termo grego *agos* e do romano *sacer*".[33] Agamben parte daqui, em busca de um aprofundamento da conotação jurídica do termo *sacer*: "*sacer* é o indivíduo que foi excluído do mundo dos homens e a quem, além de tudo, não podendo ser sacrificado, é lícito matar sem cometer homicídio".[34]

É este o ponto de partida das reflexões políticas de Agamben. Mas por que razões? O motivo é que *a comunidade que vem* é uma comunidade de *singularidade qualquer*. E o que seja esta comunidade estará já claro: é uma comunidade que (como a comunidade sedentária de Nancy e a comunidade impossível de Esposito) não dispõe de uma essência e de uma identidade própria, e é composta de indivíduos (de sujeitos) sem identidade e sem essência (nacional, étnica, religiosa, política...). É esta a singularidade qualquer do *homo sacer*: a única definição que dele podemos dar é que podemos assassiná-lo – não possui outra conotação além desta: é o indivíduo na sua "vida nua". E à singularidade comum se opõe inevitavelmente o Estado, fundado sempre sobre uma própria *identidade* (estatal), cujo poder funda e legitima. "Em última instância, de fato, o Estado pode reconhecer qualquer reivindicação de identidade – até mesmo a de uma identidade estatal ao seu interior; mas o fato de que singularidades façam comunidade sem reivindicar uma identidade, que homens co-pertençam sem uma condição de pertencimento representável (ainda que seja na forma de um simples pressuposto) – eis o que o Estado não pode em nenhum caso tolerar". Por conseguinte, "*o fato novo da política que vem é que ela não será mais a luta para a conquista ou o controle do Estado, mas luta entre o Estado e o não-Estado (a humanidade), separação irrecuperável da*

---

[33] R. Esposito, *Categorie dell'impolitico* cit., p. 295.

[34] G. Agamben, *La comunità che viene*, Einaudi, Torino, 1990, p. 59.

*singularidade qualquer e da organização estatal*".[35] O que restitui imediatamente a intensidade e a mistura deste pensamento.

Mas por que a comunidade (ou a política) de que fala Agamben é uma comunidade (ou uma política) *que vem*? Para entendê-lo, é necessário estudar melhor as suas teses sobre a singularidade qualquer. Desde o início, o problema é posto em termos ontológicos: "O ser que vem é o ser qualquer". É esta a primeira frase de *A comunidade que vem*. A frase com que o livro termina é, entretanto, a seguinte: "Como o mundo é – isto está fora do mundo".[36] Ora, por muito estranho que possa parecer, essas frases dizem a mesma coisa. Ambas expressões da tensão escatológica que atravessa a ontologia de Agamben. Que coisa é, de fato, o ser comum? É o ser *tal qual é*. É a coisa cultivada no seu *como* – como *aquela tal* coisa – antes ainda de ser decomposta em propriedades gerais ou universais. É a coisa antes da classe ou do conceito: a coisa apreendida, em outras palavras, não no seu pertencimento a uma certa classe, mas na sua exemplaridade, vale dizer, no seu pertencimento à própria *lógica* do pertencimento.

Esta precisa lógica, entendida como *lei da linguagem*, impõe que uma certa coisa entre sempre em uma certa classe: um leão faz parte da classe dos "leões", uma cadeira entra no conceito de "cadeira". Mas o que mostra o exemplo? Mostra um singular (um leão, ou uma cadeira) como expoente da classe inteira (dos leões, ou das cadeiras) que, todavia, entra na mesma classe: o exemplo mostra em suma o seu próprio *pertencimento* a uma certa classe. Não é um particular que entra simplesmente em uma classe, ou melhor, não é apenas isto: já que ele se coloca ao mesmo tempo fora da classe, para expor o seu pertencimento àquela classe determinada. Em tal sentido: "O ser exemplar é o ser puramente lingüístico. Exemplar é, a saber, aquilo que não é definido por alguma propriedade, exceto o ser-dito. Não o ser-vermelho, mas o ser-*dito*-vermelho; não o ser-Jakob, mas o ser-*dito*-Jakob define o exemplo". Em essência, o exemplo consegue apanhar e mostrar o ponto preci-

---

[35] *Ibid.*, p. 58-59.
[36] *Ibid.*, p. 3, 77.

so de contato entre o ser e a linguagem (entendido como um sistema de classe ou de conceito): o ponto exato em que ser e linguagem se tocam e se entrelaçam entre si, ou o ponto no qual a coisa se traduz em nome e o nome em coisa. O exemplo exibe a lógica da linguagem (ou seja, a lógica do pertencimento de uma coisa a uma classe) como lógica do ser (como ser-dito), ser-lógico, ser-lingüístico do próprio ser, do ser qualquer).

Para compreender ainda melhor esta passagem (este contínuo transfundir-se do ser em linguagem e da linguagem em ser) devemos apreendê-la como um processo *em movimento*. O exemplo, dissemos, se coloca fora e dentro de uma determinada classe: entra em uma classe, mas fala dela também no seu conjunto, caindo assim em seu exterior. Mas o exemplo não cai simplesmente fora da classe: antes, ele traça o próprio movimento de *pertencimento* ou de *entrada* da coisa em uma certa classe. Mostra esta entrada como um processo *in fieri*: a coisa exemplar de fora volta, entra e de dentro se projeta para fora de uma certa classe, alternando fora – dentro da linguagem (que define as diversas classes) e exibindo o próprio processo de *adesão*, de *pertencimento* do ser (da coisa) à linguagem (a uma classe). Por isso, o exemplo é uma exceção, ou um *monstrum*: porque não diz o pertencimento de um certo particular a uma certa classe universal, e sim *mostra* (ou dá a ver) a mesma lógica do pertencimento, desvinculando a coisa exemplar da classe a que pertence. O que explica uma série de equações que a este ponto deveriam ser *lógicas*: o ser qualquer é o ser exemplar, o ser exemplar é o ser lingüístico, o ser qualquer é o ser lingüístico. Em essência: *o ser é a linguagem* – Heidegger *docet*. Mas com uma nuança singular (que, por outro lado, talvez não é sequer estranha a Heidegger): o ser *torna-se* continuamente a linguagem. Ou: o ser *cai* na linguagem, o ser *tem lugar* na linguagem.

Detenhamo-nos de fato um instante sobre a idéia de limite que Agamben expõe. O que é o limite de uma coisa? É, antes de tudo, a sua *forma*, ou aquela que em termos platônicos podemos definir como a sua *idéia*. O limite traça os contornos ou o perfil da coisa. Neste sentido, são as coisas que nos impõem a cada vez certos limites. Mas o limite, todavia, não pertence à coisa: antes, é a coisa que pertence ao limite. É o limite que expõe a coisa *tal qual é*, ou que faz acontecer a própria coisa, dando-lhe um certo aspecto e realçando o *lugar* que esta ocupa e é. O limite localiza a coisa na sua simples existência, ou *dá lugar* à coisa. E aquele limite é, ao mesmo tempo, o limite entre a coisa e a palavra: o limite que essas co-dividem, uma de um lado e a outra do lado oposto *do mesmo limite*. O limite indica o contato entre a coisa e a palavra, entre o ser e a linguagem. O limite não é ainda um conceito (classe), porque é sempre o limite de uma coisa *singular*; mas não é nem mesmo a simples matéria da coisa (sem forma). É um ponto de contato entre a coisa e o conceito. O limite é, em essência, um exemplo e é, para ser mais exato, um exemplo do *cair*, do *ter lugar* do ser na linguagem (ou seja, um exemplo da própria exemplaridade do ser qualquer, do ser lingüístico). Nesse sentido, Agamben escreve: "Existir significa: qualificar-se, submeter-se ao tormento do ser-qual (*inqualieren*). Por isso a qualidade, o ser-assim de cada coisa é o seu suplício e a sua fonte – o seu limite".[37] O ser qualquer, o ser que vem, é o *acontecer* cada vez singular de um limite.

Onde está agora o lado escatológico desse discurso? Na idéia do *vir* – do vir do ser à linguagem, ou do contínuo *ocorrer* do limite. "Um limite acontece",[38] leiamos de fato. E de certo modo, sem tal oração, o discurso de Agamben não diria nada de verdadeiramente novo. Admitamos na verdade poder imobilizar o limite, poder deter o seu *futuro*: imediatamente recairíamos na hipóstase platônica da idéia, em um discurso sobre a essência ou sobre o mundo real encoberto atrás do mundo das simples aparências. Enquanto aquilo que queremos salvaguardar é realmente a existência como tal da coisa na sua exemplaridade, na sua singularidade qualquer, que não a identifica a uma certa essência (uma certa classe), mas apresenta o seu pertencimento à linguagem enquanto tal (à classe de todas as classes, podemos dizer). Aquilo que queremos salvaguardar é a existência nua da coisa, que coincide com o *acontecer* da coisa em si mesma, com o *entrar* da coisa qualquer na linguagem, com o seu *reentrar* em uma certa classe. Aquilo que nos

---

[37] *Ibid.*, p. 70.
[38] *Ibid.*, p. 74.

interessa, em suma, não é a classe em si, mas a *classificação*; não é a identidade em si, mas a *identificação* – sobre cujo limite a coisa sucede a si mesma. "A coisa do pensamento não é a identidade, mas a *própria* coisa. Esta não é uma outra coisa [uma essência ideal], na direção da qual se ultrapassa a coisa, mas nem mesmo simplesmente a mesma coisa [na sua dura materialidade]. A coisa é aqui ultrapassada na direção de si *mesma*, na direção do seu ser tal qual é".[39]

Mas como podemos resistir à tentação de fazer parar o discurso, ou seja, como podemos evitar de recair em uma metafísica platônica das idéias e essências transcendentais, mantendo entretanto aberta a dimensão da simples existência, da singularidade qualquer, ou do ser *que vem*? A resposta, como no caso de Nancy e de Esposito, é sempre igual: *apoiando-nos sobre o limite*. E este apoio, para Agamben, é indubitavelmente um apoio escatológico. O limite – como limite co-dividido do ser e da linguagem, que os coloca em contato e em comunicação – se debruça de fato sobre alguma coisa que permanece além do ser e da linguagem. O limite *entre* o ser e a linguagem é ainda o limite *do* ser e *da* linguagem. E este limite é o mesmo que retalha e expõe a coisa na sua existência nua ou na sua singularidade qualquer. Mas o que é esse limite, se não o limite de Deus? "Deus – escreve Agamben – está em cada coisa como o lugar em que cada coisa é, ou seja, como a determinação e a topicidade de cada ente. O transcendente não é, portanto, um ente supremo acima de todas as coisas: melhor, *o ter-lugar de qualquer coisa é o transcendente puro*. Deus, ou o bem, ou o lugar, não tem lugar, mas é o ter lugar dos entes, a sua íntima exterioridade. Divino é o ser-verme do verme, o ser-pedra da pedra. Que o mundo seja, que alguma coisa possa surgir e ter rosto, que existam exterioridade e extensão como a determinação e o limite de cada coisa: isto é o bem".[40] O que explica porque a primeira e a última frase do livro digam a mesma coisa, a seguinte: "O mundo – enquanto absolutamente, irreparavelmente profano – é Deus".[41]

---

[39] *Ibid.*, p. 69.

[40] *Ibid.*, p. 11-12.

[41] *Ibid.*, p. 64.

O alento metafísico e religioso do discurso é evidente. E evidente é a sua intenção: a de arrastar a palavra além de Deus, de não fazer dele o fundamento ou o pressuposto do próprio discurso. Deus aflora, de preferência, como um *resto*. Um resto do ser e da linguagem: o seu limite. Mas não se pode fixar ou substancializar o limite, fazendo dele uma essência. O limite deve continuar, ao contrário, a *ocorrer* na borda da coisa. O limite deve ser guardado por uma palavra exemplar, portanto, que anuncie sem interrupção "o desfiar-se, o indeterminar-se de um limite: uma auréola".[42] E aquilo que resta é um tempo de fala: um tempo escatológico. O tempo de uma escatologia sem *eskaton*, que evidencie e comunique o limite tênue, que comparece sempre como *adveniente*, mas nunca atual, o fim (ou o limite) dos tempos, a revelação de Deus – ou seja, o Apocalipse.

É por esta via que Agamben se encaminha em *O tempo que resta. Um comentário sobre a "Epístola aos Romanos"*. E a idéia é, em linhas gerais, a seguinte: é preciso experimentar pensar sobre o *tempo do fim*, não como o fim dos tempos, mas como um tempo que se limita a findar, *ou expõe simplesmente o limite, o fim*. É isto que Agamben define, no seu comentário ao texto paulino, como o tempo messiânico. "O tempo messiânico, o tempo que o apóstolo vive e que só lhe interessa, não é nem o "*olam hazzeh*"nem o "*olam habba*", nem o tempo cronológico nem o "*eskaton*" apocalíptico: é, mais uma vez, um resto, o tempo que fica entre estes dois tempos". É "o tempo que o tempo nos põe a terminar", ou o "tempo que nos resta".[43] O tempo de uma espera, em essência, que torna *remanescente* o tempo presente, debruçado perenemente sobre o limite do mundo – um limite que porém, por sua vez, acontece continuamente no ser qualquer, impedindo-nos de bloquear o tempo ou de bloquear a nossa representação do tempo. O limite, o fim, não admite representar-se o semblante de Deus: não admite *expressar o fim*. O limite, o fim, é antes – como visto – a condição de todo dizer. Pelo qual

---

[42] *Ibid.*, p. 73.

[43] G. Agamben, *Il tempo che resta. Un commento alla "Lettera ai Romani"*, Bollati Boringhieri, Torino, 2000, p. 63, 67, 68.

nós não podemos dizer, mas apenas expor-nos ao limite, ao fim. Não podemos mais concluir: concluir a nossa representação, concluir a nossa *perfeição*. Não podemos, quer dizer, nos apropriar de nós mesmos, apropriando-nos do nosso fim, agarrando o limite e fazendo dele uma Idéia. O tempo messiânico é o tempo da nossa impropriedade, da espera de nós mesmos. O tempo de um limite, de um fim, que continua a *ocorrer*.

O que nos conduz de volta ao problema político. Se o singular existente é, de fato, uma singularidade qualquer, priva-se de uma identidade *própria* e priva-se de uma essência, o Estado é, ao contrário, baseado sempre sobre uma indubitável identidade. Donde um conflito entre o Estado e a comunidade: entre um Estado que se baseia no reconhecimento e na legitimação do *próprio* poder, e uma comunidade sem pressupostos (sem essência), composta somente de singularidades sem identidade, todas associadas pelo ser qualquer. Como tomar pé neste conflito? É este o problema enfrentado em *Homo sacer. O poder e a vida nua*.

Como já indica o título, tudo gira em torno do conceito de soberania. E a lógica do discurso é deveras próxima, desta vez, da de Nancy. A lógica da soberania é, de fato, uma lógica da exceção, e esta última é, por sua vez, uma lógica do banimento e do abandono (no sentido preciso de que dele trata Nancy). Mas o que é a soberania? É *o reverso do pertencimento*. E basta, portanto, virar, ou reler em sentido inverso, o raciocínio exposto em *A comunidade que vem* para entender de que modo se chega a *Homo sacer*. A lógica do pertencimento a uma classe (ou a um conjunto) é dada a conhecer, como foi dito, pelo exemplo, que se situa fora-dentro da classe e mostra assim o seu *entrar* em uma classe, retratado como tal. Mas admitamos agora o ponto de vista da classe ou do conjunto, e mais precisamente daquela classe ou daquele conjunto que o Estado compõe. Como procede o Estado ao mostrar o seu poder? Em outras palavras, como procede ao mostrar o seu *domínio* sobre todo o singular que pertence ao próprio conjunto? Mostrando (ou dando a perceber) o seu *domínio*, por exemplo: sobre a exceção que se situa ao mesmo tempo fora e dentro do conjunto. E é este o mecanismo de toda a *soberania* ou de todo o ordenamento jurídico do estado. "A norma se aplica às exceções desaplicando-se, retirando-se dessa". Já que é somente por este modo que a norma pode demonstrar a sua soberania, ou a sua aplicação ativa, como um *movimento de captura* na norma. A inflexão, como anteriormente, fica colocada outra vez sobre o processo *de tornar-se*.

A soberania não é, pois, a definição e a exibição de um conjunto imóvel, com os contornos estáveis e intransponíveis. Não é um internamento no conjunto (na classe, na norma). Mas é, ao contrário, a exibição de um *ato de captura*, que deve sempre deixar fora de si alguma coisa. Porque é justamente na constante e ativa captura desta coisa, que alterna o fora-dentro do seu conjunto, que um Estado pode declarar-se e demonstrar-se, para todos os efeitos, *soberano*. Neste sentido, Agamben se apressa em salientar que: "A exceção é, verdadeiramente, segundo o étimo, *domínio fora (ex-capere)* e não simplesmente excluída... Aquilo que está fora vem aqui incluído não simplesmente através de uma interdição ou um internamento, mas suspendendo a validade do ordenamento, deixando que ele se retire da exceção, a abandone. Não é a exceção que se subtrai à regra, mas a regra que, suspendendo-se, dá lugar à exceção e somente deste modo se constitui como regra, mantendo-se em relação com aquela. A particular *vigência* da lei consiste nesta capacidade de manter-se em relação com uma exterioridade".[44]

Esta constante relação com um elemento interno-externo é o que Agamben define como a *relação de exceção* – ou então a *relação de banimento* – regida pela mesma *lógica* de pertencimento analisada em *A comunidade que vem*.[45] E o parentesco com Nancy e a sua lógica do abandono são confessados abertamente. A soberania se exercita no abandono, ou na oferta ao banimento, da vida nua (do *homo sacer*) como elemento perenemente interno-externo à soberania, da qual ela extrai a sua *força* e o seu *vigor*, em uma palavra: o seu *poder*[46] (é evidente, não obstante, o parentesco com o impolítico de Esposito: a soberania, isto

---

[44] G. Agamben, *Homo sacer. Il potere sovrano e la nuda vita*, Einaudi, Torino, 1995, p. 22.

[45] Cf. G. Agamben, *Homo sacer. Il potere sovrano e la nuda vita* cit., p. 28-30.

[46] Cf. G. Agamben, *Homo sacer. Il potere sovrano e la nuda vita* cit., p. 34-35.

é, a política, se fundamenta de fato para Agamben em um elemento "impolítico", no sentido exato que Esposito atribui a este termo).[47]

Dito isto, o discurso se desloca sobre o plano da exemplificação histórica deste vínculo originário da soberania, seja sob o perfil da sua análise filosófico-política, seja sob aquele da sua aplicação prática. E o propósito é declarado: por um lado, mostrar que o vínculo entre o poder soberano (o estado, o conjunto) e a vida nua (a exceção, o exemplo) é uma constante da política ocidental, que nivela atualmente os regimes totalitários e os regimes democráticos (feitas as óbvias e legítimas distinções); por outro lado, ajudar-nos a distinguir no campo de concentração o paradigma político do ocidente – um paradigma que neste ponto podemos, além de tudo, definir como *biopolítico,* visto o nexo imprescindível entre o poder soberano e a vida nua.

O campo é, de fato, o exemplo paradigmático do lugar em que a soberania manifesta o seu poder (e neste sentido representa, de certa maneira, o *destino* da política ocidental). No campo, a norma (a lei ou o estado de direito) é suspensa, no sentido de que ela *se aplica desaplicando-se*. O campo é, pois, a produção sistemática da exceção, da vida nua que escapa da identidade coletiva e normativa do Estado, uma exceção da qual, porém, o poder soberano tem necessidade, para *exprimir* o seu poder. Mas o que acontece no campo? Ou melhor, como procede o poder soberano para *conquistar* a exceção (a vida nua), sem todavia identificá-la com ele mesmo, sem fazê-la aderir automaticamente à norma, para, entretanto, mantê-la em uma posição externa-interna? Como faz o poder para *continuar* a capturar, ou a manter aberto o *processo* de captura e controle daquilo que fica de fora, e de fora vem, sem interrupção, trazido para dentro? A resposta é: exercitando o seu poder *diretamente* sobre a vida, sem interpor entre si e a vida nenhuma norma. *Decidindo* diretamente sobre a vida e sobre a morte da singularidade qualquer (ou seja, do *homo sacer*), e fazendo desta *decisão* o ato de captura-do-fora, ou de tomada-do-fora (*ex-capere*) da exceção.

---

[47] Portanto, Esposito se detém também sobre o "paradoxo da soberania" *in* R. Esposito, *Nove pensieri sulla politica* cit., p. 87-111.

Esta tomada *do fora* permite de fato ao poder soberano proteger o fora *como tal*, e manifestar assim o seu poder, a sua força, o seu vigor, com um ato de *soberania*. O poder soberano deve, portanto, *decidir* diretamente sobre a vida e sobre a morte da exceção. E deve, além disso, criar espaços onde possa isolar e fazer florescer a exceção, se quiser continuar a exprimir a sua soberania. Estes espaços podem ser os campos de concentração, mas podem também ser os espaços aeroportuários, as enfermarias de hospitais, em suma: todos os espaços nos quais a norma (o estado de direito) pode ser suspensa. Porque nestes espaços o poder pode decidir diretamente, sem a interposição de nenhuma norma, sobre a vida e a morte da singularidade qualquer, sobre as vidas sem rosto que extravasam temporariamente as fronteiras da identidade normativa e coletiva do Estado. E a decisão do poder pode exercer-se seja em um sentido, seja em outro: seja da vida para a morte (o fenômeno dos campos de extermínio), seja da morte para a vida (o fenômeno dos estados comatosos em que o paciente é mantido artificialmente com vida). Porque é indiferente, sob o perfil lógico, a *direção* que a decisão assume (em direção à vida ou em direção à morte): aquilo que conta é só o ato da decisão, o ato de soberania, com o qual o fora vem reconduzido para dentro, sem jamais trazê-lo verdadeiramente para dentro, mas mantendo aberto o processo, o *dispositivo* do poder. Isto, se por um lado explica a notável potência *diagnóstica* das análises de Agamben (que, com efeito, apontam o dedo para algumas questões cruciais da política contemporânea, evidenciando a sua ambigüidade e problematicidade – se pensa, por exemplo, no dilema da eutanásia e em todos os problemas de bioética, que Agamben interpreta como epifenômenos da biopolítica ocidental), por outro lado revela o estado de impotência *terapêutica* em que nós todos nos encontramos. Se Agamben tem razão de fato, como sair desta situação? A resposta não é dada. "*Homo sacer*" é, de resto, um livro pelo meio, isto é, o primeiro volume de uma obra mais vasta, em três ou mais partes, ainda incompleta.[48]

---

[48] Dispomos apenas, no momento, da terça parte de *Homo sacer*, cujo título é *Quel che resta di Auschwitz. L'archivio e il testimone*, Bollati Boringhieri, Torino, 1998, que entretanto – com a ausência do segundo volume da obra – deixa o texto difícil de ser decifrado.

# O BELO COMO EXPERIÊNCIA COMUNITÁRIA*

Gianni Vattimo

Por que, enfim, não reconhecer que aquilo que chamamos de belo e feio é muito próximo, até mesmo se identifica, com o que aprendemos da moda e da própria publicidade? Naturalmente, poucos dentre nós aceitariam reconhecê-lo explicitamente, mas é difícil acreditar que, diante da alternativa entre Brad Pitt ou Anna Falchi e as Demoselles d´Avignon de Picasso, alguém declarasse mais belas estas últimas. Certo, nós nos encontraríamos diante de uma infinidade de distinções; dentre elas, as antecipadas claramente na *Crítica do Juízo*, de Kant, bastante preocupado em separar o "juízo estético" de toda encomenda com tons sensíveis (e por isso) particulares.

Mas ao pensar no caráter puramente "formal" do juízo estético kantiano, a distinção entre a moda e a publicidade, de um lado, e o valor estético "puro", do outro, parece vacilar. Enquanto puramente formal, como de resto o imperativo moral, o juízo de valor estético não pode referir-se a qualquer conteúdo específico, por exemplo, ligando a beleza a qualquer norma de poética, como as unidade de tempo, lugar e ação da *Poética*, de Aristóteles, ou também apenas a respeito dos modelos clássicos. Se se diz que o belo é aquilo que favorece, ou estimula, o "livre jogo" das faculdades cognitivas, o problema não se resolve, mas assim se abre o caminho para a historicidade e para a contingência

---

* Tradução: Raquel Paiva.

dos objetos esteticamente válidos, como se vê claramente olhando para a variedade das coisas que são recolhidas aos museus.

Fica sempre para se aprofundar o que, na variedade dos objetos do juízo, é capaz de pôr em movimento o livre jogo das faculdades. Para não fazê-lo depender de específicos conteúdos "materiais" (expressão apenas contraposta a "formais"), o próprio Kant, falando de juízo reflexivo, liga o valor estético exclusivamente a um estado subjetivo, o livre jogo precisamente, que não é determinado pelo respeito a cânones ou regras. Mas se é só uma coisa subjetiva, por que este livre jogo distingue-se ainda da pura e simples preferência por um determinado alimento, ou por uma certa idéia do belo modelada sobre este ou aquele tipo de objetos, naturais ou artificiais? Resposta: porque aqui o livre jogo é livre exatamente enquanto contempla a própria forma pura da universalidade, que não é porém determinada por valores cognitivos ou morais, por qualquer conteúdo teórico ou estético (o jogo aqui não seria mais inteiramente livre, e sim determinado por conteúdos específicos).

Mas, então, por quê? Pelo puro sentimento de partilha sem finalidade do próprio jogo. Tudo isto é difícil de ser formulado, talvez também porque seja difícil de ser falado em termos abstratos e seja necessária a referência a uma dada experiência concreta. Aquela do sentido de compartilhamento razoável que se nos impõe quando declaramos bela uma coisa, diferentemente de quando declaramos bom um certo alimento, a respeito do qual aceitamos tranqüilamente que alguém possa não apreciá-lo. Ao menos é isto o que pensa Kant, para quem, se não deve depender de específicos traços estruturais do objeto, o valor estético termina por depender do mesmo sentimento de partilha ilimitada (é melhor chamá-la assim do que de universal) que experimentamos diante do belo. Em resumo, uma análise mais particularizada do parágrafo 9 da *Crítica do Juízo*, de Kant, como aprendemos em algumas páginas de Gadamer (*Verdade e Método*), poderia levar-nos a identificar a experiência do belo com uma experiência vivida de comunidade, que não é nem idêntica ao prazer de uma descoberta científica ou de uma afinidade moral, mas é um sentir-se "bem" com o nosso próximo na contemplação, ou ainda na apreciação de certos objetos, não enquanto úteis, ou enquanto bons, ou enquanto verdadeiros, e sim justamente apenas enquanto belos.

## Parte 1 – Epistemologia da Comunidade

Contra aquilo que pensava, por exemplo, um filósofo como Adorno, que insistia em distinguir o valor da estrutura de uma ópera, para dar um exemplo musical, do prazer (impuro, mundano) provocado em nós pelo sentir-se parte da comunidade que aprecia aquela ópera (nós vamos a um concerto, ou mesmo à ópera, também para experimentar esse prazer), nós nos damos conta cada vez mais de que este aspecto é constitutivo de toda experiência estética. Ou pelo menos da nossa experiência estética, como a vivenciamos hoje e como redescobrimos as suas características na nossa época.

A estética que se lê, depois de Kant, na *Fenomenologia do Espírito* ou nas *Lições de Estética*, de Hegel, nos deixa muito mais explicitamente e tematicamente atentos a este aspecto "comunitário" do belo e da arte. Não apenas na *Fenomenologia* a arte está ligada à religião; nas *Lições* e também no sistema inteiro, ela se torna um momento em que a sociedade, uma época, um mundo, se exprimem e se reconhecem em imagens sensíveis. A espiritualidade da Grécia clássica é a que vemos na beleza das estátuas do Partenon, por exemplo. Apreciar essas obras significa identificar-se com o ideal que elas exprimem intensamente, pertencer sem reservas ao espírito daquela sociedade.

Percebe-se que aqui é difícil, ou totalmente impossível, distinguir a sensação de harmonia que os templos e as estátuas comunicam daquela sensação harmônica que, como cidadãos, os gregos experimentavam (pensamos que experimentassem) ao se sentirem sem reservas membros da sua comunidade. A "bela eticidade", que define o ideal do classicismo (e que nós recordamos só com a nostalgia típica do romantismo), é, por isso mesmo, apreciar uma beleza "objetivada" em uma obra e sentir-se juntamente partícipe de um mundo que se exprime completamente naquela obra inteira.

Já tivemos uma definição de beleza diferente desta? O que as obras de arte românticas evocam como irremediavelmente perdida é exatamente essa bela eticidade; e até mesmo Adorno quando vê a obra de arte, na expressão de Baudelaire, como uma "promesse de bonheur", não faz mais que modular de maneira diferente essas idéias. Hans Georg Gadamer, que na sua hermenêutica criticou de modo definitivo todo esteticismo subjetivístico, ensinando-nos a pensar a arte como experiência de verdade e não apenas como assunto de "gosto", se insere plenamente nesta tradição quando pensa a experiencia estética como participação em um jogo ou em um rito coletivo, no qual prevalece o pertencimento dos jogadores ao jogo, mais que o juízo sobre um objeto ou ainda sobre alguma coisa de exterior aos jogadores. Certo, ao reivindicar a experiência de verdade da arte, Gadamer também criticou a fundo o subjetivismo da estética kantiana (sobretudo dos continuadores). Mas finalmente, para ele, a experiência do belo, como a do verdadeiro, tem os traços dialéticos de uma conciliação com o mundo histórico-social.

Até mesmo aquilo que Hegel chamou de morte da arte pode-se e deve-se entender nestes termos "comunitários". A arte que morreu, para ele, é aquela que estava na base da experiência da bela eticidade grega; depois da arte clássica só existe a recordação-saudade do que se perdeu com aquela experiência da integração. Se, seguindo livremente a trilha de Hegel, se quer olhar com este ponto de vista comunitário a história da arte moderna, poder-se-ia sugerir um esquema como o seguinte: a antiguidade (entendida como tudo aquilo que vem antes da modernidade) vive a arte como experiência acima de tudo social: o templo, o teatro como rito da comunidade, a arte figurativa como arte da igreja, *biblia pauperum*, ou também como arte de corte; a modernidade burguesa começa a pensá-la em termos "privatistas", como produção de obras que se podem comprar e vender (com uma comercialização que cresce com o surgimento dos meios de reprodução mecânicos), e se desenvolve uma grande atenção para a retratística, também esta cada vez mais "burguesa" (Amsterdam e os retratistas holandeses).

O valor cultural da obra cresce ainda quando o artista não trabalha mais sob encomenda, e sim produz puramente para o mercado: possuir e colecionar obras de arte é um negócio cada vez mais individual; um grande pintor tem fama, e verossimelmente também gratificações econômicas muito maiores que um ator, um dramaturgo ou teatrólogo. As artes "de comunidade" assumem uma posição relativamente marginal: a tirada de Adorno sobre o valor prevalescente da estrutura da obra musical como objeto "próprio" do juízo estético (contra o *jazz*, principalmente, mas também contra o balé, a ópera lírica no teatro, etc.) é um ponto de chegada dessa "privatização" do estético.

Isto, um tanto paradoxalmente, esgota-se de toda maneira por si mesmo, porque com a arte de vanguarda, sobretudo a abstrata, a estrutura própria da obra torna-se menos relevante. Um buraco em uma tela como os "Conceitos espaciais", de Fontana, um telão com riscas todas iguais como as de Buren, e no limite, obviamente, sempre a "Fontaine" de Duchamp, não se oferecem a uma fruição estrutural, nem a uma contemplação admirativa da obra "autêntica". Em fenômenos como estes, o valor "autêntico" da obra, o encontro privado com ela (não falamos mais do gosto de possuí-la) em si perdem progressivamente o seu sentido. De resto, também da parte dos artistas que ainda pintam, esculpem, fazem mostras, afirma-se cada vez mais a tendência a produzir eventos, instalações, que se colocam idealmente em uma moldura histórica e social. A frase de Nietzsche, segundo a qual terminou o tempo da arte das obras de arte é talvez mais profética do que se imagine.

Certo, em todo caso, a arte "popular" não é mais, como talvez tenha sido nos tempos da *biblia pauperum* ou ainda, mesmo se restrita à burguesia, nos tempos dos salões parisienses, e talvez das rixas futuristas, a arte figurativa, a arte plástica. A música – que já para Nietzsche era arte popular também porque, conjuntamente religiosa e orgiástica, ritual e pouco propensa a transmitir-se nas formas canônicas do "texto" (também por razões de dificuldade de notações) – é hoje como o tecido contínuo do substrato da nossa existência quotidiana, verdadeira protagonista da experiência estética da grande maioria dos nossos contemporâneos.

É sempre mais singela a construção de comunidade, ainda que com o prejuízo do valor das obras individuais. O que pretendo dizer é que talvez a arte das obras de arte contenha muito menos história da arte de quanto normalmente pensamos que ali se inclua. E hoje o caráter da arte evento coletivo está renascendo mesmo no ápice daquilo que parecia ser a sua morte definitiva, a reprodutividade técnica das obras, mesmo as mais tradicionais. Muita gente já começa a preferir ir ao cinema do que ver um filme na tela caseira.

Até mesmo Gadamer, nas páginas do seu último livro sobre a atualidade do belo, reconheceu o valor de uma autêntica experiência estética nos grandes concertos de rock, e poderemos dizer o mesmo da experiência que sobretudo os jovens fazem hoje na discoteca. A Igreja católica e as outras igrejas cristãs têm tentado receber estas novidades da arte dando-lhes espaço nas funções litúrgicas; mesmo que se diga que o mal-estar que sentimos muitas vezes indo à igreja onde a missa era acompanhada por guitarras e cantos do tipo rock não deixe de ter a sua razão.

A música na liturgia cristã sempre teve que respeitar a prudência e os limites de tipo "platônico", tinha que elevar e aquietar os sentidos mais que acordá-los e ativar a sensibilidade, o corpo. Isto significa que talvez também o afirmar-se de um traço "musical", comunitário, coral na arte de hoje não perturbe experiência religiosa, obrigando-a, quem sabe, a repensar também a própria relação com a física dos corpos: vejam, quem vai à igreja no domingo, como ficam embaraçados os gestos daqueles que a uma certa altura da missa devem "trocar um gesto de paz", os quais não ousam nunca avizinhar-se muito, apenas apertando-se as mãos, em vez de dançarem juntos. Por outro lado, é verdade que se interessar por arte significa ainda hoje, predominantemente, ir ao museu e às mostras, sendo difícil que alguém, menos ainda o padre, relacione a expressão a uma dança.

É verdade que a experiência estética nos parece hoje não mais necessariamente ligada ao belo no sentido tradicional da palavra. Quando vemos um homem jovem que se assemelha a uma estátua grega, pensamos em um deus do cinema ou em uma imagem da publicidade, e assim, também nas obras de "arte", desconfiamos de tudo que é muito harmonioso, que acaricie bastante o ouvido, que se compreenda muito facilmente, como o filme "cor-de-rosa" que termina sempre bem, etc. Para adormecer sem sonífero, escolhemos um romance "tradicional", não certamente o *Ulysses*, de Joyce.

A experiência do silêncio de Beckett, porém, que Adorno considerava a quintessência da experiência literária da época da vanguarda, não se presta certamente a uma contemplação "estrutural", uma vez que o silêncio é mesmo um silêncio. Adorno acha que isso aluda, por negação, à felicidade de uma conciliação futura. Na perspectiva apresentada aqui, a fruição estética desssas obras-não-obras tem, sim, a ver com uma conciliação, não porém só como futura, mas como vivida no momento, ainda que só ideal, da partilha de uma condição humana e de um "gosto" que nos unem a um mundo concreto dos nossos contemporâneos, na alegria, na tristeza, ou ainda só na espera da realização de uma promessa.

# RÁDIO COMUNITÁRIA, EDUCOMUNICAÇÃO E DESENVOLVIMENTO[1]

Cicilia M. Krohling Peruzzo

Este texto objetiva refletir sobre as contribuições das rádios comunitárias para o desenvolvimento social que se aplicam também aos demais meios comunitários de comunicação. A opção em centrar o discurso a partir do rádio é para torná-lo mais concreto e compreensível. A associação das propostas a outras mídias é de fácil processamento pelo leitor. Trata-se de um estudo baseado em pesquisa bibliográfica e que procura trazer visões da prática a partir de estudos de casos realizados por outros pesquisadores.

De início, convém ressaltar que não está se referindo a qualquer rádio que se apresente como comunitária, mas especificamente a um tipo de emissora que realmente possa ser identificada como tal. A rádio comunitária que faz jus a este nome é facilmente reconhecida pelo trabalho que desenvolve. Ou seja, transmite uma programação de interesse social vinculada à realidade local, não tem fins lucrativos, contribui para ampliar a cidadania, democratizar a informação, melhorar a educação informal e o nível cultural dos receptores sobre temas diretamente relacionados às suas vidas. A emissora radiofônica comunitária per-

---

[1] Versão resumida deste texto foi cedida para a Associação Brasileira de Radiodifusão Comunitária (Abraço), com o título "Rádio Comunitária e Desenvolvimento Social e Local".

mite ainda a participação ativa e autônoma das pessoas residentes na localidade e de representantes de movimentos sociais e de outras formas de organização coletiva na programação, nos processos de criação, no planejamento e na gestão da emissora[2]. Enfim, baseia-se em princípios da comunicação libertadora que tem como norte a ampliação da cidadania. Ela carrega, aperfeiçoa e recria o conhecimento gerado pela comunicação popular, comunitária e alternativa no contexto dos movimentos sociais na América Latina desde as últimas décadas do século XX.

Mas a flexibilidade na classificação das rádios comunitárias é recomendável, afinal, como disse Tomás de Aquino, "a vida transborda o conceito". Há casos históricos em que mesmo faltando um ou outro desses aspectos em uma rádio esta consegue prestar bons serviços à comunidade onde se insere. Há rádios que facilitam mais o acesso na programação. Outras, embora sejam conduzidas por pessoas comprometidas com a melhoria da "comunidade", não têm tradição de facilitar o envolvimento amplo de representantes das organizações locais na gestão. Há também emissoras de caráter religioso ou ligadas a universidades que se revelam como comunitárias em seus princípios e nas práticas cotidianas. Há programas de conteúdo comunitário dentro de emissoras comerciais que se valem da participação autônoma de cidadãos e de organizações locais. Em razão desta diversidade, há que se ter cuidado na classificação. Oportuno salientar, por outro lado, não ser necessário que uma única experiência comporte ao mesmo tempo todas as dimensões apontadas, pois fazer comunicação comunitária implica um processo que tende ao aperfeiçoamento progressivo, principalmente, quando assumido coletivamente.

Alfonso Gumucio Dragon (*apud* DETONI, 2005, p.280) foi muito feliz ao comentar sobre a evolução pela qual uma rádio comunitária pode passar:

---

[2] Ver mais detalhes em PERUZZO (2004. p. 243-258) e no artigo "Participação nas rádios comunitárias no Brasil" (1999).

## PARTE 2 – COMUNIDADE APLICADA

"A presença de uma emissora comunitária, mesmo que não totalmente participativa, tem um efeito imediato na população. Pequenas emissoras geralmente começam a transmitir música na maior parte do dia, tendo assim um impacto na identidade cultural e no orgulho da comunidade. O próximo passo, geralmente associado à programação musical, é transmitir anúncios e dedicatórias, que contribuem para o fortalecimento das relações sociais locais. Quando a emissora cresce em experiência e qualidade, começa a produção local de programas sobre saúde ou educação. Isso contribui para a divulgação de informações sobre questões importantes que afetam a comunidade".

O contrário às vezes também acontece, ou seja, emissoras começam democráticas e acabam sofrendo a centralização do poder de decisão e da palavra em poucas lideranças impingindo um caráter "presidencialista" à gestão e à programação. Em casos assim, estas pessoas tendem a serem vistas como donas da rádio. Mas a rádio comunitária não deve ter dono. Ela deve pertencer à comunidade. Em última instância, a rádio comunitária típica é aquela que a comunidade reconhece como sendo sua e por isso a protege e dela participa ativamente. Foi assim desde as rádios mineiras na Bolívia em meados do século passado, como também em emissoras comunitárias no Brasil desde a última década, principalmente quando ameaçadas de fechamento pela Anatel (Agência Nacional de Telecomunicações) e Polícia Federal[3].

Engana-se quem pensa que as pessoas ficam alheias a comportamentos desviantes de lideranças de rádios comunitárias. Às vezes não têm canais para expressar seus descontentamentos, mas quando a oportunidade aparece avaliam de modo muito claro. Por exemplo, em depoimentos a Lílian Bahia (2006, p.158), moradores do Morro de Papagaio comentam sobre uma possível mudança da proposta da Rádio

---

[3] Ver PERUZZO (2004, p.192-214; 1999, p.411-412) e LAHNI (2005), que mostram os casos das Rádios Mineiras da Bolívia e das rádios Novos Rumos e Mega FM no Brasil.

União, situada no Aglomerado Santa Lúcia, região metropolitana de Belo Horizonte-MG. Segundo Reginaldo Mansueto, presidente do Conselho Comunitário, "com o passar do tempo, [...] ela está virando uma rádio comercial. [...] Não ganha dinheiro, mas deveria estar buscando mais coisas; antes ela trabalhava mais na comunidade, tinha até repórter... está faltando o pessoal sair para as ruas", o que fez com que a rádio perdesse sua identidade comunitária. Outra liderança local, a pastora Elizabeth, da igreja Quadrangular, critica a falta de critérios em se averiguar o que é transmitido aos ouvintes. O padre Mauro reclama do linguajar desrespeitoso e, às vezes, ofensivo dos locutores (BAHIA, 2006, p.158).

Estes exemplos indicam que os caminhos tomados nem sempre condizem com os objetivos inicialmente traçados e, pelo que se observa, distorções deste tipo acontecem quando se descuida de alimentar a participação intensiva da comunidade na vida da emissora. Se existem canais efetivos de participação no planejamento da programação e na administração da emissora, certamente existirão reuniões avaliativas nas quais os equívocos vão sendo analisados e corrigidos.

As finalidades de uma rádio comunitária são claras e a lei federal brasileira 9.612/98, apesar de todos os seus limites, prevê mecanismos que estimulam o cumprimento de tais propósitos, por exemplo, quando exige a formação de um Conselho Comunitário composto por, no mínimo, cinco entidades locais. A autorização para funcionamento de uma rádio comunitária sai em nome de fundações e/ou associações, a programação deve ser de interesse social e facilitar o acesso não discriminatório do cidadão. No entanto, ocorre que indivíduos e instituições no Brasil – por interesses políticos-eleitorais, financeiros, religiosos ou de outro tipo –, por vezes, se apropriam do espectro de radiodifusão comunitária com outras finalidades. Este tipo de apropriação é uma distorção, pois a radiodifusão comunitária representa a conquista do acesso aos meios de comunicação por parte dos movimentos populares e das comunidades. Tal acesso demorou a ser legalizado no Brasil e constitui hoje uma das poucas formas viáveis de comunicação ao alcance das "comunidades".

Por outro lado, os indivíduos e instituições têm o direito de usufruir das ondas do rádio de baixa potência, seja com finalidades sociais, comerciais, políticas e/ou evangelizadoras, mas sem a apropriação indevida do espectro da radiodifusão comunitária. Em face da necessidade de tais segmentos, pergunta-se por que não se cria no Brasil uma legislação específica de rádio local que permita este outro tipo de emissoras. Entende-se que uma lei específica que contemplasse estes segmentos atenderia a demandas legítimas por rádio local por parte de microempresários, universidades e irmandades religiosas e evitaria o uso distorcido da radiodifusão comunitária. Seria uma maneira de democratizar ainda mais os meios de comunicação no País.

Voltando à questão da diversidade de emissoras, falando agora de uma perspectiva mundial, as rádios comunitárias comportam uma riqueza de experiências e são valorizadas e reconhecidas pela Associação Mundial de Rádios Comunitárias (Amarc), como se pode ver por sua definição do que seja uma rádio comunitária:

> "Rádio comunitária, rádio rural, rádio cooperativa, rádio participativa, rádio livre, alternativa, popular, educativa... Se as estações de rádio, as redes e os grupos de produção que constituem a Associação Mundial de Rádios Comunitárias se referem a eles mesmos por meio de uma variedade de nomes, suas práticas e perfis são ainda mais variados. Algumas são musicais, outras militantes e outras musicais e militantes. Localizam-se tanto em áreas rurais isoladas, como no coração das maiores cidades do mundo. Seus sinais podem ser alcançados a uma distância de apenas um quilômetro, na totalidade do território de um país ou em outros lugares do mundo via ondas curtas. Algumas estações pertencem a organizações sem fins lucrativos ou a cooperativas cujos membros constituem sua própria audiência. Outras pertencem a estudantes, universidades, municipalidades, igrejas ou sindicatos. Há estações de rádio financiadas por doações provenientes de sua audiência, por organismos de desenvolvimento internacional, por meio de publicidade e por parte de governos" (QUÉ HACE....., [s./d], www)[4].

---

[4] Fonte: http://wiki.amarc.org

Na mesma linha da entidade-mãe, a Amarc Brasil também reconhece a diversidade de rádios comunitárias, mas enfatiza o caráter de interesse público requerido das mesmas:

"...Distintos nomes e um mesmo desafio: democratizar a palavra para democratizar a sociedade. Grandes ou pequenas, com muita ou pouca potência, as rádios comunitárias não fazem referência a um "lugarejo", mas sim a um espaço de interesses compartilhados. Nestas emissoras pode-se trabalhar com voluntários(as) ou pessoal contratado, com equipamentos caseiros ou com o que há de mais desenvolvido tecnologicamente. Ser comunitário não se contrapõe à produção de qualidade nem à solidez econômica do projeto. Comunitárias podem ser as emissoras de propriedade cooperativa, ou as que pertencem a uma organização civil sem fins-lucrativos, ou as que funcionam com outro regime de propriedade, sempre que esteja garantida sua finalidade sociocultural" (AFINAL... [s./d.], www)[5].

As rádios comunitárias têm grande importância em várias partes do mundo, das Américas à Ásia. Sempre são vistas como fator de desenvolvimento social e, às vezes, recebem apoio dos governos locais por intermédio de programas específicos, de organizações não-governamentais, de igrejas, universidades e/ou da Organização das Nações Unidas para Educação, Ciência e Cultura (Unesco). Em Moçambique, na África, por exemplo, a Unesco foi aliada incondicional do processo de implantação e sustentabilidade de emissoras radiofônicas comunitárias durante vários anos. Naquele país as rádios comunitárias, assim como a televisão e telecentros, são encaradas com propósitos explícitos de favorecer o desenvolvimento social e econômico visando a redução da pobreza absoluta[6].

Tomas Jane (2005, p. 168), com base em estudo sobre as rádios e televisões comunitárias em Moçambique, conclui que estas "são fun-

---

[5] Fonte: http://brasil.amarc.org/quemsomos.php
[6] Ver Tomas Jane (2005).

damentais para o desenvolvimento das comunidades locais, por criar mecanismos de interatividade entre ouvintes, a rádio, os promotores do desenvolvimento (associações, ONGs, Instituições públicas e privadas, etc.) e os líderes comunitários". Outro estudo, desenvolvido pela equipe local da Unesco, evidenciou os impactos positivos das emissoras, a exemplo da Rádio Gurúe, localizada na província de Zampézia. Acredita-se que desde a sua instalação se registraram muitas mudanças no seio da comunidade, por exemplo, "em relação à atitude e comportamento face ao perigo das doenças de transmissão sexual e HIV/SIDA[AIDS]; planejamento familiar, [...]vacinação, sementeiras, cheias e secas, o papel da mulher na sociedade, educação da rapariga, introdução de novas técnicas de produção agrícola". Já a Rádio de Lago, em Niassa, acredita que ajuda a "comunidade local a ficar informada sobre a realidade da vila e do distrito, do país e do mundo. Constitui também um importante meio para a recreação e educação cívica dos cidadãos" (DIRECTÓRIO..., 2004, p.16-47).

Há décadas a Unesco vem incentivando o uso dos meios de comunicação como fator de desenvolvimento social e local e, em folheto explicativo sobre *"Centros Multimedia Comunitarios"*, na parte sobre as rádios comunitários, ressalta:

"A rádio comunitária é pouco custosa, fácil de manejar e tem a vantagem de alcançar a todos os membros da comunidade em sua própria língua. Como meio de comunicação de massa, incrementa consideravelmente o potencial de desenvolvimento implícito no intercâmbio de informação, de conhecimento e de experiência. A rádio comunitária não só informa, educa e entretém, mas dota a comunidade de mais poder ao outorgar a palavra a todos 'sem-voz', com o que favorece a transparência nos assuntos públicos" (Unesco..., [s./d.]).

A importância da comunicação comunitária enquanto meio facilitador do exercício dos direitos e deveres de cidadania é inegável em muitas localidades no Brasil e por onde ela se efetiva na perspectiva de uma comunicação pública. Talvez esta seja a razão da falta de políticas condizentes para o setor no Brasil, comprovada pela perseguição[7] às rádios comunitárias e por uma legislação que procura mais dificultar do que favorecer a sua ação. Afinal, o desenvolvimento social não interessa a todos os setores da sociedade.

## Papel das rádios comunitárias na educomunicação para a cidadania

Qualquer rádio[8] pode contribuir para o desenvolvimento social e local, mas as rádios comunitárias têm potencial especial para isso. Por quê? A razão de ser do meio comunitário de comunicação está baseada no compromisso com a melhoria das condições de existência e de conhecimento dos membros de uma "comunidade", ou seja, na ampliação do exercício dos direitos e deveres de cidadania.

Normalmente o termo desenvolvimento é usado para expressar o alto grau de progresso econômico, social, político e tecnológico alcançado por uma sociedade ou por um conjunto de nações. Mas todo desenvolvimento só faz sentido se estiver a serviço de cada pessoa e da coletividade como um todo, sempre baseado na participação ativa dos cidadãos. Portanto, a questão do desenvolvimento não pode se restringir a aspectos econômicos ou a aumento de renda. Este deve se dar de maneira integral e sustentado em condições que lhe permitam ser duradouro e igualitário[9].

Em outras palavras, desenvolvimento quer dizer avanço na qualidade de vida, quer dizer ampliação dos direitos de cidadania e pressupõe: a) a igualdade de acesso aos bens econômicos e culturais; b) possibilidades de participação política – desde participação nas pequenas associações até nos órgãos dos poderes públicos; c) usufruto das benesses geradas a partir da riqueza produzida socialmente e redistribuída por meio de salários e dos serviços de educação, saúde, transporte, segurança, tecnologias de comunicação, etc.

---

[7] Têm sido fechadas, em média, 200 emissoras por mês nos últimos tempos. Ver Peruzzo (2005).

[8] O mesmo pode ser dito em relação ao jornal, televisão, internet, etc.

[9] Estes aspectos foram trabalhos com mais profundidade no texto "Mídia comunitária, liberdade de expressão e desenvolvimento" (PERUZZO, 2003. p. 245-264).

As maiores conquistas em direção ao avanço da cidadania têm relação direta com o grau de consciência, organização e ação das forças progressistas da sociedade civil para fazer valer os seus interesses e necessidades. Desenvolvimento implica, portanto, ampliação dos direitos de cidadania. Fala-se em ampliação de direitos porque de fato alguns direitos já foram conquistados, como, por exemplo, o voto universal, a liberdade de expressão, etc. E o que dizer da igualdade de acesso a bens econômicos e a condições dignas de vida? Neste sentido a desigualdade é visível e ainda há muito que avançar.

A cidadania é conquistada e não um presente dos governos (DEMO, 1988). É justamente no processo de mobilização para a ampliação da cidadania que as rádios comunitárias têm relevante papel a desempenhar. Elas podem contribuir efetivamente para o avanço do desenvolvimento social e local a partir de várias maneiras, desde os conteúdos que divulgam até a participação no próprio processo de fazer rádio.

Enquanto unidade de produção econômica, a rádio comunitária impulsiona a aplicação de recursos na "comunidade" por meio da aquisição de equipamentos e instalações, do trabalho investido (remunerado ou não), da inversão de valores na manutenção de equipamentos e na aquisição de produtos de consumo (discos, fitas, etc.). As emissoras comunitárias contribuem ainda, na área econômica, por intermédio da divulgação de unidades produtivas e de serviços locais (comércio, festividades, campanhas educativas) – o que por sua vez incentiva a geração de outros recursos –, da prestação de serviços de áudio a segmentos locais, da realização de cursos de formação de curta duração (preparação das equipes), assim como da produção dos bens culturais veiculados, entre outros aspectos.

No âmbito dos conteúdos e da gestão, quanto mais democrática for uma rádio comunitária, mais estará contribuindo para ampliar o exercício dos direitos e deveres de cidadania. Neste sentido, é recomendável que alguns princípios norteadores sejam levados em conta, tais como: participação ativa, democracia, caráter público (programação cidadã), autonomia, gestão coletiva, vínculo com a cultura local, sem fins lucrativos.

Ser sem fins lucrativos não significa proibição de gerar recursos. Significa não ser movida por interesses financeiros e que os recursos sejam revertidos para a operacionalização do próprio veículo de comunicação e não para o lucro particular de alguém. Nas palavras de José Ignácio López Vigil, ex-presidente da Amarc e portador de grande experiência em rádio popular na América Latina (2003, p.503): "Não ter fins lucrativos significa não privatizar os benefícios que a emissora gera. Ou seja, os lucros não vão para o bolso dos donos".

A seguir são apresentadas algumas pistas para se colocar em prática os princípios acima apontados nas rádios comunitárias e favorecer o processo educativo:

a) O meio comunitário de comunicação deve servir de canal para o exercício da liberdade de expressão do cidadão e das organizações coletivas comprometidas com ações de interesse social.

b) Instituir a propriedade coletiva e práticas participativas na gestão e na programação, de modo que a emissora não se caracterize como pertencente a pessoas individualmente.

c) Abrir espaços para participação direta dos cidadãos no microfone (na página do jornal ou na tela da televisão ou do computador) para que expressem seus pontos de vista, suas conquistas, suas reivindicações, suas alegrias, etc.

d) Conceder espaço para a difusão de programas produzidos autonomamente por cidadãos, grupos de jovens e organizações coletivas da localidade. É importante zelar pela distribuição igualitária e plural deste tipo de espaço na grade de programação para que a rádio não se caracterize como tendenciosa, seja no sentido político, religioso ou outro.

e) Criar canais (diretorias colegiadas, conselhos, comissões, assembléias, entre outros) para viabilizar a participação efetiva do cidadão e de suas entidades representativas nas instâncias de planejamento e gestão da emissora.

f) Criar uma rede de repórteres populares (ou correspondentes populares[10]) constituída a partir de representantes de entidades civis orga-

---

[10] Sobre o sistema de correspondentes populares na Nicarágua na época da revolução sandinista, ver PERUZZO (2004, p. 259-265).

nizadas e/ou por zonas geográficas ou bairros, setores, quadras, ruas, etc. Esta iniciativa representa excelente mecanismo para manter programas jornalísticos sintonizados com a realidade local, ao mesmo tempo que é favorecida a participação popular na programação.

g) Criar sistemáticas de reuniões ampliadas de pauta (ou seja, para além da equipe gestora, contando com a participação de representantes[11] das organizações locais) para discussão dos assuntos a serem divulgados pelos programas jornalísticos.

h) Dar prioridade a conteúdos de interesse público local centrados na informação de qualidade; explorar mensagens educativas sobre assuntos e situações vividos em cada localidade (prevenção de doenças, perigos que o tráfico de drogas pode representar, principalmente, para os jovens, adolescentes e crianças, etc.); tratar de temas que dizem respeito à realidade concreta da localidade onde a emissora se situa, principalmente assuntos que quase não têm espaço na grande mídia, ou seja, aqueles relacionados às atividades das organizações dedicadas a trabalhos visando o bem-estar coletivo e à vida do "povo", seu modo de ser, sua cultura. Neste sentido, cabe falar não só de problemas, mas também das festas do "povo" e das conquistas dos movimentos populares. Cabe ainda prestar serviços de utilidade pública de acordo com a realidade de cada lugar. Há casos de rádios que avisam o dia de consultas marcadas em postos de saúde, mandam recados para parentes, ajudam a localizar crianças perdidas, devolvem documentos achados, fazem campanhas educativas, etc. O importante é que cada rádio comunitária tenha a cara do seu lugar.

---

[11] É importante que se trabalhe com representantes (delegados indicados) das organizações, para evitar distorções que são muito comuns quando a participação é estritamente individual. Por exemplo: 1) Garante a continuidade. Caso a pessoa pare de participar por algum motivo (mudança, doença, etc.), a entidade indica substituto; 2) Evita que se fale a partir de interesses particulares (políticos, conflitos pessoais, etc.), pois o participante está sendo responsabilizado enquanto representante de uma instituição; 3) Permite vínculos com organizações e movimentos populares, o que facilita a organicidade e a atualização dos assuntos. Quer dizer, os representantes se convertem em fontes para pautas jornalísticas.

i) Fornecer entretenimento que não agrida valores éticos e o respeito às pessoas em suas diferenças (idade, cor, gênero, nacionalidade, crenças, escolaridade, condição financeira, etc.).

j) Dar espaço para a difusão da criatividade popular, como, por exemplo, música, peças teatrais e outras formas de produção artística, científica e técnica geradas na própria "comunidade".

k) Atuar de modo integrado com as organizações sociais sem fins lucrativos atuantes na "comunidade", de modo que a comunicação se realize como expressão das lutas coletivas locais e não como meio de comunicação exterior ou descolado do processo de mobilização social. Portanto, abre-se uma oportunidade ímpar para a prática do jornalismo público, orgânico e comprometido com as mudanças sociais.

l) Contribuir para mobilizar os cidadãos e entidades sem fins lucrativos para a utilização e empoderamento[12] da rádio comunitária e de outros meios de comunicação (tv comunitária, internet, etc.) com finalidades educativas e de desenvolvimento cultural.

m) Discutir e optar por formas de arrecadação e aplicação de recursos que não comprometam o caráter público da emissora e que, ao mesmo tempo, viabilizem o seu funcionamento. Se a rádio comunitária se submeter aos mecanismos mercantilistas convencionais, provavelmente, sua perspectiva pública e comunitária poderá ser comprometida. Assim sendo, há que se ter princípios e práticas que garantam a aplicação de recursos somente para despesas de custeio, manutenção e reinvestimento em equipamentos, e não para o lucro particular.

n) Zelar pela participação ativa e com poder de decisão dos cidadãos (eleitos como representantes por entidades ou em assembléias) em todas as instâncias deliberativas de gestão da emissora (conselhos, reuniões, assembléias), pois uma rádio comunitária feita coletivamente revela-se extremamente educativa para todos os envolvidos e também para os ouvintes.

---

[12] Empoderamento quer dizer participação popular com poder de controle e de decisão.

o) Zelar pela autonomia política em relação a empresas, poder público, partidos políticos, igrejas, etc.

p) Oferecer treinamento por meio de cursos de curta duração a membros da "comunidade", para que muitas pessoas possam se capacitar e aperfeiçoar seus conhecimentos e se sentirem mais aptas para atuar na emissora.

q) Criar mecanismos de avaliação de programas e da atuação da rádio como um todo, com participação aberta a pessoas da "comunidade". A avaliação é uma maneira eficaz para se analisar o desempenho, corrigir erros e distorções e conduzir a emissora em direção ao aperfeiçoamento constante.

r) Difundir conhecimentos e fatos que, embora gerados fora no âmbito comunitário, fazem sentido localmente e podem contribuir para aumentar o nível de informação e consciência crítica.

Evidentemente cada rádio comunitária desenvolve seu próprio caminho e estratégias participativas que elege como prioritárias. Portanto, nem toda rádio comunitária vai desempenhar plenamente todas as características acima mencionadas e de uma única vez, como já foi ressaltado. A qualidade participativa e também a qualidade da programação se desenvolvem lentamente e tendem ao aperfeiçoamento progressivo. O importante é que os parâmetros sejam traçados e postos em prática constantemente. Assim, é recomendável que a rádio comunitária formule seus objetivos e tenha uma visão clara e expressa de sua missão, para que possam ser constantemente lembrados.

Uma rádio que permite a participação da população (por intermédio de representantes das organizações locais e de cidadãos identificados com a proposta) em níveis avançados (nas decisões estratégicas e na programação) contribui mais eficientemente para a ampliação da cidadania porque o processo de fazer rádio se torna altamente educativo.

Em resumo, a rádio comunitária contribui para o desenvolvimento, tanto pelas operações econômicas que desencadeia, como pelos conteúdos que transmite e pelo aprendizado que proporciona àqueles que participam do processo de planejamento, criação, transmissão de mensagens e de gestão da mídia popular e alternativa. Portanto, gera a educomunicação comunitária[13], processo que se refere às inter-relações entre Comunicação e Educação informal (adquirida no dia-a-dia em processo não-organizado) e não-formal[14] (formação estruturada e pode levar a uma certificação, mas difere da educação formal[15] ou escolar).

No nível conceitual, Educomunicação diz respeito às inter-relações entre Comunicação e Educação nos processos de educação formal, não-formal e informal. Na educação formal, a educomunicação se realiza quando "a escola se aproxima da comunicação", quando a escola percebe que "os modos de apropriação do saber mudaram, e mudarão ainda mais na nossa sociedade que desenvolve as 'indústrias do conhecimento' (indústria cultural)" (JACQUINOT, 1998, p.1-2).

Nas palavras de Ismar de Oliveira Soares ([s./d.], p.1), educomunicação define-se como um conjunto de ações destinadas a "integrar às práticas educativas o estudo sistemático dos sistemas de comunicação [...]; criar e fortalecer ecossistemas comunicativos em espaços educativos [...]; e melhorar o coeficiente expressivo e comunicativo das ações educativas [...]", como o uso de recursos de comunicação (rádio, jornal, vídeo, internet) no processo de aprendizagem.

---

[13] Discussão inicial sobre educomunicação comunitária foi feita pela autora () no texto "Comunicação comunitária e educação para a cidadania" (2002). Disponível em http://www2.metodista.br/unesco/PCLA/revista13/artigos%2013-2.htm

[14] Fundamenta-se aqui nos conceitos de Almerindo Janela Afonso (1989) (*apud* CARNICEL, 2005, p.48), para quem, "por educação formal entende-se o tipo de educação organizada como uma determinada seqüência e proporcionada pelas escolas, enquanto que a designação de educação informal abrange todas as possibilidades educativas no decurso da vida do indivíduo, constituindo-se um processo permanente e não organizado. Por último, a educação não-formal, embora obedeça também a uma estrutura e a uma organização (distintas, porém, das escolas) e possa levar a uma certificação (mesmo que não seja essa a finalidade), diverge ainda da educação formal no que respeita à não-fixação de tempos e locais e à flexibilidade na adaptação dos conteúdos de aprendizagem a cada grupo completo".

[15] No âmbito escolar entende-se a educação formal constituída a partir de instituições de ensino (Colégios, Universidades, etc.)

Os estudos das inter-relações entre Comunicação e Educação privilegiam a educação formal, o que não deixa de ter uma importância extraordinária. Atualmente se tem valorizado muito a radioescola, por exemplo, como instrumento para melhorar os processos de ensino e aprendizagem. Mas neste texto se discute o tema a partir da educação informal e não-formal.

Parte-se do pressuposto de que se aprende não só nas escolas, colégios e nas universidades. Aprende-se também por intermédio dos meios de comunicação, na vivência cotidiana, nos relacionamentos sociais, ns reuniões das equipes, nas práticas comunicativas no âmbito da comunicação comunitária, nas oficinas visando melhoria do trabalho no rádio popular, ou seja, por dinâmicas de educação informal e não-formal. É neste âmbito que acontece a educomunicação comunitária.

Numa rádio comunitária, por exemplo, exercendo funções como a de redator, locutor ou de operador de som, criando roteiros de programas e participando da discussão e da tomada de decisões, as pessoas se desenvolvem. Aprendem a falar em público, desenvolvem sua criatividade e se percebem como capazes. E assim vão melhorando a sua auto-estima. Por vezes, pessoas passam a ter seus talentos reconhecidos, seja pela música, pelo espírito de liderança ou pela qualidade de locução. Melhoram os relacionamentos sociais. Simultaneamente, a experiência em veículos de comunicação comunitária também pode ajudar a apontar a alguns jovens novos rumos para o estudo e atividades profissionais, como a prática vem demonstrando. Como lembra López Vigil (2003, p.487), a auto-estima não ocorre somente no nível individual. "A comunidade se escuta e escutando-se, aumenta sua auto-estima individual e coletiva. Os vizinhos se conhecem mais, se reconhecem melhor. A rádio local constrói identidade"[16].

Participando do processo de fazer rádio, jornal ou qualquer outra modalidade de comunicação comunitária, as pessoas vivenciam um processo educativo que contribui para a sua formação enquanto cida-

---

[16] Sobre a questão do reconhecimento e fortalecimento da esfera pública local por meio das rádios comunitárias, ver BAHIA (2006).

dãs. Passam a compreender melhor a realidade e o mundo que as cercam. Aprendem também a trabalhar em grupo e a respeitar as opiniões dos outros, aumentam seus conhecimentos técnicos, filosóficos, históricos e legais, ampliam a consciência de seus direitos. Desenvolvem a capacidade de expressão verbal, além de conhecerem o poder mobilizatório e de projeção que a mídia possui, em geral simbolizado no atendimento a reivindicações e ao reconhecimento público pelo trabalho de locutores. Aprendem ainda a entender os mecanismos de funcionamento de um meio de comunicação – desde suas técnicas e linguagens, até os mecanismos de manipulação a que estão sempre sujeitos. De posse desse conhecimento, formulam espírito crítico capaz de compreender melhor a lógica da grande mídia. A melhor forma de entender a mídia é fazer mídia.

Portanto, na comunicação comunitária ocorre um significativo processo de educomunicação na perspectiva do desenvolvimento integral da pessoa. Estas observações sobre a importância da comunicação comunitária como fator educativo não são meras suposições. Já foram evidenciadas em muitas experiências concretas, das quais são mostrados fragmentos a seguir, segundo as falas de seus protagonistas.

Em estudo sobre experiências comunitárias de comunicação na periferia da cidade de São Paulo, Daniele Próspero (2005, p. 98-106) identificou o avanço na percepção de si mesmo e do entorno onde moram jovens que participam do jornal *Becos e Vielas Z/S,* por intermédio de um projeto desenvolvido no Jardim Ângela[17], na zona sul da capital. Em entrevista concedida à Daniele, Érica de Souza comentou sobre a visão que tinha do bairro onde mora antes de se envolver na produção do Jornal: "Eu tinha vergonha de falar que morava na periferia e o nome do meu bairro, da escola. Quando alguém falava mal do bairro,

---

[17] O jornal *Becos e Vielas Z/S* é produzido com o apoio e iniciativa da Associação de Incentivo às Comunicações Papel Jornal, uma ONG organizada em 1999, que tem o apoio da Petrobras, Unicef, da ONG Moradia Cidadania e da empresa de assessoria de imprensa Máquina da Notícia. Tem sede no Jardim Ângela, zona sul da cidade de São Paulo.

eu chegava até mesmo a concordar. Eu não era uma pessoa muito participativa, não tinha noção das coisas"[18].

Apenas para situar, Jardim Ângela tem sido apontado pela grande mídia como um dos bairros mais violentos de São Paulo. Mas, hoje, Érica já tem visão crítica da grande imprensa e afirma que "a mídia influencia muito negativamente. Eles não vêm aqui na região mostrar as coisas legais, positivas, os projetos sociais. Só vêm quando matam dez. Sempre sensacionalista". Ao que Juliana Santos arremata: "Mas, aqui tem várias pessoas maravilhosas. Você nunca vê nestas mídias as coisas boas da periferia sendo mostradas".

O envolvimento no jornal comunitário também ajudou os jovens a compreenderem o entorno da cidade, conforme pode-se perceber no depoimento de Jacqueline Miranda: "Eu não tinha noção de tudo o que acontecia e não me interessava também. Eu tinha uma visão muito fechada".

A ampliação do grau de informação e de conscientização advinda da participação na produção do jornal *Becos e Vielas Z/S* atingiu também o nível pessoal da vida dos jovens, como fica evidenciado na fala de Juliana Santos: "O *Becos* foi a primeira grande porta da minha vida. Aprendi muito. Fortaleceu em mim o desejo de estudar, de prestar vestibular.[...] Não acredito mais em tudo que vejo, leio ou que as outras pessoa dizem". Já Francielle Jordânia, também em entrevista à mesma autora, avalia assim a sua participação:

"Foi uma mudança muito drástica. Antes de vir para cá [participar do projeto do jornal] eu estudava, via televisão, levava uma vida meio idiota. Daí, depois que eu comecei a me envolver, mudou muito. Você vai fazer matéria, conhece as pessoas. Eu não sei explicar. Foi muito bom. Eu sou filha única e tinha dificuldade em conviver em grupo. E aqui a gente precisa disso. Eu vou exercitando isso, em grupo, de respeito às diferenças. Eu melhorei como ser humano mesmo".

---

[18] O sentimento de não haver nada positivo no bairro onde moram também foi detectado por Amarildo Carnicel (2005, p.462) em estudo realizado junto a jovens e adolescentes na periferia de Campinas, São Paulo.

É comum emergir o interesse de estudar jornalismo, fotografia, radialismo, etc. por parte de jovens que se envolvem em experiências de comunicação comunitária. O coordenador da Rádio Comunitária Heliópolis, situada na capital de São Paulo, Gerônimo Barbosa, por exemplo, começou a cursar a faculdade de jornalismo após o ingresso na emissora.

Outro estudo realizado em Juiz de Fora, Minas Gerais, na rádio comunitária *Mega FM*, evidenciou que os moradores que têm programas na emissora se sentem altamente recompensados pelo aprendizado que a participação proporcionou. Cláudia Lahni (2005., p.264-265) provocou os entrevistados com a frase "A mega na sua vida" e as reações foram, em parte, as seguintes: Erê: "Mudou tudo, sabe, me ensinou outros caminhos., [...] me deu uma visão. [...] Ensinou isso: a gente deve lutar pelos nossos direitos, cumprir nossos deveres, lutar pela nossa comunidade, não só onde é situada a Rádio, mas a comunidade que a gente alcançar". Flavinho: "Mudou é, [...] até parar de [beber], porque eu saía, ia *pros* barzinhos, eu parei com isso tudo. [...] Agora, eu já vou preparar as coisas que eu vou falar lá". Ana Paula: "Mudou a minha visão de rádio comunitária.[...] Eu não tinha noção de que era [...] tão importante *pra* comunidade, levar informação mesmo, é algo assim muito sério. [...] Eu aprendo a viver em comunidade, aprendo a respeitar as opiniões dos outros, aprendo a impor minha opinião". Marcelinho: A Rádio está "encaminhando o meu futuro, porque agora eu tenho um ideal para seguir. [...] Agora eu tenho uma vontade muito grande de conseguir fazer um curso aí e seguir essa carreira" [de radialista].

Lahni (2005, p.245-258) mostra também os aspectos educativos explícitos nos conteúdos transmitidos que vão da informação jornalística (sobre temas locais e internacionais) à música, como, por exemplo, o Rap crítico à hipocrisia e às desigualdades sociais.

Em Guararibas, sertão do Piauí, a Rádio Esperança foi construída – literalmente construída, do projeto às paredes do estúdio – com ampla participação das pessoas da localidade. Segundo documentário em vídeo sobre a experiência, ela foi apontada como prioridade na fase de implantação do Programa Fome Zero e é assumida como um bem público colocado a serviço da população. Proporciona o protagonismo de adolescentes, jovens e adultos na produção e difusão de mensagens e contribui para desenvolver as pessoas intelectualmente e como cidadãs conscientes de seus direitos e deveres. Como único meio de comunicação a que aquela população tem acesso, a Rádio Esperança leva informação, entretenimento e prestação de serviços de interesse local.

Em Santa Catarina, município de Jaguaruna, a rádio Sambaqui ajuda a desmistificar a imagem do radialista ou do profissional que trabalha na televisão. Em entrevista a Maria Terezinha Silva (2005, p.168), o padre Angelo Bússolo comenta: "Foi uma aceitação enorme por parte da comunidade; eles achavam mentira, no início, ter uma rádio na comunidade. [...] Quando eles percebem que o pessoal que fala é o vizinho, desmistifica e, desmistificando, cria-se uma consciência maior na população de que eles também são capazes".

Em outro trecho o padre Angelo Bússulo aponta como a "comunidade" se sente quando reconhece a rádio como sendo sua: havia "muita consciência de que tínhamos o direito [à comunicação] e tínhamos que ir buscar o direito e defender o direito. Se fechassem a rádio, a gente ia reabrir; se eles levassem os equipamentos, a gente ia buscar outros equipamentos, mas a rádio [teria que estar] no ar" (SILVA, 2005, p.176).

Maria Terezinha da Silva (2005, p.171-172) também identificou na rádio Sambaqui o Itamar Moreira, de 41 anos, que se sente acolhido na emissora: "A rádio é tudo para mim. [...] A rádio me deu vida. Ela me proporcionou desenvolver uma atividade, um trabalho que, quando eu perdi a visão, achei que não ia poder fazer nada. [...] Estou participando das notícias, [...] fiz curso de rádio, participo das reuniões, vou à associação dos moradores, eu convivo, eu desperto". De Fortaleza-Ceará, Maria Inês Amarante (2004, p.120) trouxe o depoimento de Simone Soares da Silva, aluna egressa da escola Centro Municipal de Educação e Saúde Professor Monteiro Morais, onde funcionou a Rádio Sapiranga:

> "A prática na rádio – se você visse no começo como eu era tímida – me trouxe um grande desenvolvimento, uma evolução: [...] me ajudou a me expressar, a saber falar com as pessoas. Com certeza, ela foi um cursinho para a minha vida. Além da expressão, em questões de saber, argumentar algumas coisas, refletir, saber criar, saber imaginar, visualizar o além, o depois, aprofundar nos assuntos".

Esses são apenas alguns exemplos dos muitos que se tem notícia, de Norte a Sul do Brasil. Claro que há distorções, pois nem todas as experiências são perfeitas, mas em meio às imperfeições sempre há algum benefício à população local quando o assunto é mídia comunitária e local. O esforço de construção coletiva e a riqueza da diversidade de experiências apontam para a existência de outra comunicação em curso no Brasil e no mundo. Uma comunicação que é chamada de comunitária, popular, participativa ou alternativa e que tem como finalidade a transformação dos mecanismos opressores e o desenvolvimento integral das pessoas. Desenvolvimento de suas capacidades intelectuais, artísticas, de convívio social, aprimoramento para o exercício de atividades profissionais e para a melhoria das condições de existência.

Em última análise, confirma-se, pois, que as rádios comunitárias e os demais meios de comunicação têm grande potencial para contribuir com o desenvolvimento da cidadania. Tanto pelos conteúdos que difundem, como pela participação dos cidadãos (mulheres e homens, sejam eles adultos, idosos, jovens e crianças) na própria feitura do meio de comunicação.

As contribuições por meio dos conteúdos difundidos se evidenciam claramente quando o assunto é comunicação comunitária. Mas, como se pode observar, os meios de comunicação comunitários se prestam também a funcionar como facilitadores de processos educativos mais amplos. Eles proporcionam o rompimento dos fluxos unilaterais de comunicação, uma vez que instituem processos capazes de converter receptores em emissores e vice-versa, realizando assim os princípios da comunicação dialógica tão tenazmente defendida por Mário Kaplún, Luiz Ramiro Beltrán, Juan Diaz Bordenave, Daniel Castillo Prieto e Paulo Freire, entre outros.

Diante do alto poder mobilizatório e de formação para a cidadania, é mister que tais meios comunitários de comunicação sejam democráticos, de modo a ampliar sempre mais o número de pessoas com acesso ao conhecimento pela via da participação direta e autogestionária na programação e na gestão. Quando o controle é concentrado, os maiores benefícios educativos tendem a se limitar a pequenas equipes.

Democratizar a comunicação implica a ampliação da geração de conteúdos dos setores não-dirigentes e dominantes da sociedade, no aumento do número de emissores (proprietários), no incentivo à propriedade coletiva, não se restringindo, portanto, à propriedade privada da mídia, dar (ou melhor, devolver) a voz à população. Significa ainda potencializar mecanismos para que qualquer cidadão possa sair da condição de receptor para a de emissor, como sujeito da produção e difusão de conteúdos. Democratizar o setor significa ainda criar condições para o exercício partilhado do poder de decisão sobre o funcionamento dos meios comunitários de comunicação.

No conjunto da sociedade, os meios de comunicação participam cada vez mais da formação das crianças, jovens e adultos. Se a grande mídia está distante e fora do controle do cidadão – do ponto de vista do acesso a seus processos de produção e difusão de mensagens –, espera-se que os meios comunitários, e por que não dizer também os escolares, mais acessíveis aos usuários, possibilitem a participação efetiva do morador ou do educando.

Os meios comunitários, por estarem ao alcance do cidadão, no sentido da possibilidade de acesso (estão perto do ponto de vista territorial e têm o potencial de facilitar a participação do cidadão) se apresentam como grande oportunidade de dar aos canais de comunicação a dimensão social que possuem. Quem sabe assim se faria jus aos ideais de Roquete Pinto, que via o rádio como um "meio para transformar o homem, em poucos minutos, se [fosse empregado] com boa vontade, alma e coração"(apud MOREIRA, 1989, p.16), como também aos de Bertolt Brechet (1981, p.56) que, já em 1932, dizia ser "preciso transformar o rádio, convertê-lo de aparelho de distribuição em aparelho de comunicação".

Se empregados com sabedoria – clareza no emprego de estratégias e táticas com vistas à ampliação do exercício da cidadania –, pelo menos nas rádios comunitárias e populares, nos canais de televisão comunitários, nos sítios populares na internet, nos jornais de bairros e alternativos, e assim por diante, estes canais permitem a materialização do potencial educativo transformador que detêm. Quiçá toda a mídia possa ser canalizada neste sentido, mas, enquanto o embate segue duro, há que se garantir que a comunicação comunitária, popular e alternativa trace seu caminho tendo por base a democracia comunicacional e o interesse em socializar as benesses do desenvolvimento econômico, cultural e político.

Cidadania é um processo histórico que se desenvolve em conformidade com as configurações sociais (garantias legais, consciência política, consciência do direito a ter direito, poder de pressão, etc.) de cada lugar e época. Assim, se em dado momento o mais importante é lutar por moradia, em outro, acrescenta-se a demanda pelo conhecimento (a exemplo do Movimento dos Sem Universidade – MSU), a fruição de bens culturais e ao direito a ter direito à comunicação.

As transformações nas sociedades – que incluem o desenvolvimento crescente das tecnologias de informação e comunicação – explicitam a necessidade do resgate do debate em torno de uma dimensão da cidadania, um tanto relegada a segundo plano, além das tradicionais dimensões dos direitos civis, políticos e sociais, a dimensão cultural. Esta se expressa como direito à liberdade de acesso à informação e de fruir os bens culturais, mas também como direito comunicacional, ou seja, de acesso dos cidadãos aos meios de comunicação enquanto produtores e difusores de mensagens e não apenas como receptores, respeitadas as diferenças. Situar a cidadania cultural no contexto das rádios comunitárias se justifica porque, como explicita a Organização das Nações Unidas (ONU) desde os anos de 1960 e 1970, "desenvolvimento econômico não se faz sem o desenvolvimento cultural" e o ser humano deve ser "o agente e beneficiário, justificativa e fim do crescimento econômico" (EVANGELISTA, 2003, p.96).

Por fim, cabe salientar que o exercício das atividades de comunicação comunitária requer a preparação das pessoas para o uso das técnicas e tecnologias. Há, portanto, a necessidade de se adquirir competências, o que agrega a noção do direito ao acesso ao conhecimento técnico e especializado em comunicação. Infere-se que o direito à comunicação se vincula à educação formal, não-formal e informal, numa clara demonstração de como os direitos se entrelaçam.

A educação não-formal e a informal ocorrem na prática das lutas sociais, cujos protagonistas acabam proporcionando condições para a formação complementar de seus membros, o que gera um rico processo de educomunicação, conforme já explicitado. Mas, cabe também às instituições educacionais – do ensino fundamental ao superior – a inclusão mais expressiva da educação para a comunicação e pela comunicação. Refere-se à premência das instituições educacionais incluírem estudos críticos sobre os meios de comunicação na sociedade e do uso das linguagens midiáticas (radioescola, vídeo, jornal, internet, etc.) nos currículos e nas práticas de ensino-aprendizagem. A inclusão da comunicação com mais desenvoltura nas escolas e nos próprios cursos que formam professores na área da Educação faria jus à importância crescente da mídia na sociedade, melhoraria as condições de aprendizagem, contribuiria para desmistificar a mídia e despertar o interesse em apropriar-se dela. Afinal, vivemos a era da sociedade da informação e da comunicação.

**Considerações finais**

Fazer rádio comunitária é coisa muito séria, mesmo que se faça descontraidamente e sem profissionalização específica. Não é preciso ficar preso a padrões e convenções do setor de radiodifusão, no que se refere a formatos de programas, ao jeito de falar, ao estilo musical, etc. Aliás, é preciso mesmo inovar, criar nova maneira de fazer rádio. Não cabe a uma rádio comunitária reproduzir os padrões da mídia comercial. A questão não é concorrer com as emissoras comerciais para disputar a audiência, mas, sim, diferenciar-se pela qualidade dos conteúdos e pelo envolvimento popular. A atitude de concorrer com as emissoras comerciais, além de colocar as comunitárias sempre em desvantagem, tende a reproduzir um tipo de programação que pouco contribui para o desenvolvimento crítico e autônomo das pessoas. Desenvolvimento social significa crescimento integral da pessoa em todas as suas dimensões. Pode-se criar condições para que as pessoas se desenvolvam proporcionando-lhes a oportunidade de serem protagonistas da comunicação e não apenas consumidoras de mensagens.

A rádio comunitária é uma concessão de serviço público – como as demais emissoras – que se apresenta como um canal de comunicação que traz oportunidade sem igual de proporcionar à população a possibilidade de fazer sua própria comunicação. Este é o caminho para o empoderamento social das tecnologias da comunicação para que sirvam prioritariamente às necessidades humanas. Por meio das rádios comunitárias e outras formas de comunicação popular, é possível fazer uma outra comunicação. O acesso do cidadão aos meios comunitários de comunicação, na condição de protagonista, é um direito humano fundamental.

## Referências

AFINAL, PARA AMARC O QUE É UMA RÁDIO COMUNITÁRIA? Associação Mundial de Rádios Comunitárias. [s./l.; s.d.]. Disponível em: http:/ /brasil.amarc.org/quemsomos.php Acesso em: 01mar. 2006.

AFONSO, Almerindo Janela. Sociologia da educação não-escolar: reactualizar um objetivo ou construir uma nova problemática? *In*: ESTEVES, A. J.; STOER, S.R. (orgs.). *A sociologia na escola*. Porto: Afrontamento, 1989.

AMARANTE, Maria Inês. *Rádio comunitária na escola: protagonismo adolescente e dramaturgia na comunicação educativa*. São Bernardo do Campo: Umesp, 2004. Dissertação (Mestrado em Comunicação Social).

BAHIA, Lílian Claret M. *A reconfiguração da esfera pública local pelas rádios comunitárias Inter-FM e União na região metropolitana de Belo Horizonte*. São Bernardo do Campo: Umesp, 2006. 189 f. Dissertação (Mestrado em Comunicação Social).

BRECHT, Bertolt. Teoria de la radio (1927-1932). *In*: BASSETS, L. (ed.). *De las ondas rojas a las rádios libres*. Barcelona: G.Gilli, 1981. p.48-61.

CARNICEL, Amarildo. O jornal comunitário e a educação não-formal: experiências e reflexões. *In*: FUSER, Bruno (Orgs.) *Comunicação alternativa*: cenários e perspectivas. Campinas: Centro de Memória da Unicamp; PUC-CAMP, 2005. p.45-74

DEMO, Pedro. *Participação é conquista*. São Paulo: Cortez, 1988.

DETONI, Márcia. *Radiodifusão comunitária*: baixa potência, grandes mudanças? – estudo do potencial das emissoras comunitárias como instrumento de transformação social. São Paulo: ECA-USP, 2—4.136 f. Dissertação (Mestrado em Comunicação Social).

## PARTE 2 – COMUNIDADE APLICADA

_____. Rádios comunitárias: revolução no ar. In: BARBOSA FILHO, A.; PIOVESAN, A.; BENETON, R. (Orgs.). *Rádio sintonia do futuro*. São Paulo: Paulinas, 2004. p. 277-287.

DIRECTÓRIO DAS RÁDIOS COMUNITÁRIAS DE MOÇAMBIQUE. Compilado por Bronwyn Walker. Moçambique: Unesco/UNDP, 2004.

EVANGELISTA, Ely G.dos. *A UNESCO e o mundo da cultura*. Brasília-DF: UNESCO; Goiânia: Editora da UFG, 2003.

JACQUINOT, Geneviève. *O que é um educomunicador?* Trabalho apresentado no I Congresso Internacional de Comunicação e Educação. São Paulo. Maio de 1998. Disponível em: www.usp.br/educomradio. Acesso em: 28 fev.2006.

JANE, Tomas J. *Comunicação para o desenvolvimento: o papel das rádios e televisões comunitárias na educação para o desenvolvimento local de comunidades locais de Moçambique*. São Bernardo do Campo: Umesp, 2006. 180 f. Tese (Comunicação Social).

LAHNI, Cláudia Regina. *Possibilidades de cidadania associadas à rádio comunitária Juizforana Mega FM*. São Paulo: ECA-USP, 2005. 289 f. Tese (Doutorado em Comunicação Social).

LÓPEZ VIGIL, José Ignácio. *Manual urgente para radialistas apaixonados*. São Paulo: Paulinas, 2003.

MOREIRA, Sonia Virginia. *O rádio no Brasil*. Rio de Janeiro: Rio Fundo Editora, 1991.

PERUZZO, Cicilia M.K. *Comunicação nos movimentos populares:* a participação na construção da cidadania. 3ª.ed. Petrópolis: Vozes, 2004.

_____. Comunicação comunitária e educação para a cidadania.. *PCLA*: Revista Pensamento Comunicacional Latino-Americano. São Bernardo do Campo: Umesp/Cátedra Unesco, n.1, out./nov./dez.2002. Disponível em: http://www2.metodista.br/unesco/PCLA/revista13/artigos%2013-2.htm. Acesso em: 20 out.2005.

_____. Participação nas rádios comunitárias no Brasil. In: MELO, José Marques de; CASTELO BRANCO (Orgs.) *Pensamento Comunicacional brasileiro*. São Bernardo do Campo: Umesp, 1999. p.405-423.

_____. Mídia comunitária, liberdade de expressão e desenvolvimento. In: PERUZZO, C.M.K.; ALMEIDA, F. F.de (Orgs.). *Comunicação para cidadania*. São Paulo: Intercom/ Uneb, 2003. p.245-264.

_____. Rádios comunitárias: entre controvérsias, legalidade e repressão. *Portal Mídia Cidadã*. São Bernardo do Campo: Cátedra Unesco-Umesp, 2005. Disponível em: http://www2.metodista.br/unesco/agora/agora_agora.htm. Acesso em: 02 mar.2006.

PRÓSPERO, Daniele. *A formação de jovens protagonistas em projetos de jornalismo comunitário em São Paulo*. Pontifícia Universidade Católica de São Paulo: 2005. 120 f. Monografia (Especialização em Jornalismo Social).

¿QUÉ HACE QUE UNA ESTACIÓN DE RADIO SEA COMUNITARIA? Asociación Mundial de Radios Comunitarias. Quebec, Canadá: Amarc, [s./d.]. Disponível em: http://wiki.amarc.org. Acesso em: 01 mar. 2006

RUAS, Claudia M.Stapani. *Rádio comunitária*: uma estratégia para o desenvolvimento local. Campo Grande: Uniderp, 2004.

SILVA, Maria Terezinha da. *Gestão e mediações nas rádios comunitárias*: diagnóstico do estado de Santa Catarina. Florianópolis: UFSC, 2005. 263 f.Dissertação (Mestrado em Educação).

SOARES, Ismar de Oliveira. Mas, afinal, o que é educomunicação? *Núcleo de Comunicação e Educação da ECA-USP*. São Paulo: NCE, [s./d.]. Disponível em: www.usp.br/nce/aeducomunciacao/saibamais/textos/. Acesso em: 28 fev.2006.

UNESCO. *Centros Multimedia Comunitarios*. Paris: Unesco, s./d.

# RÁDIOS COMUNITÁRIAS: EXERCÍCIO DA CIDADANIA NA ESTRUTURAÇÃO DOS MOVIMENTOS SOCIAIS

Márcia Vidal Nunes

O objetivo deste trabalho é mostrar o papel que as rádios comunitárias representam no exercício da cidadania e, conseqüentemente, na consolidação dos movimentos sociais contemporâneos. As rádios comunitárias surgiram ao lado de inúmeros movimentos sociais, com os mais diversos fins, no final dos anos 50. Nas décadas de 60 e 70, deram voz aos mais diversos grupos que defendiam causas minoritárias ligadas ao feminismo, ao homossexualismo, aos negros, à ecologia, etc.

Os movimentos de transformação social foram acompanhados, nos anos 80 e 90, de forma ainda mais intensa, de inúmeras experiências no campo da comunicação comunitária e, marcadamente, pela expansão do movimento de rádios livres e seu aprimoramento em um tipo particular denominado de rádios comunitárias, caracterizadas pela participação popular em sua administração, na elaboração da programação e na pluralidade cultural, representando, assim, as mais diversas tendências presentes num grupo social.

FESTA (1994:127) afirma que, a partir das utopias de mudança, da contestação e da reivindicação, emergiram na América Latina os mais inovadores processos comunicativos envolvendo diferentes sujeitos sociais em todo o continente. Na prática, essas experiências passaram por meios impressos (artesanais e semi-industriais), meios eletrônicos (rádio, vídeo, televisão e cinema), manifestações culturais (inclusive folclore), pelo teatro, literatura e, especialmente, música e humor. Toda essa emergência contestatória envolvia movimentos populares e organizações sociais, instituições para o desenvolvimento e, inclusive, centros de pesquisa e formação. Negros, mulheres, indígenas, ecologistas, comunidades de base, grupos comunitários, operários, trabalhadores urbanos e rurais, movimentos de defesa do consumidor, menores de rua, grupos culturais, estudantes, equipes esportivas e partidos políticos envolveram-se em ações comunicativas sem precedentes na história latino-americana.

A expansão do neoliberalismo foi acompanhada da eclosão de inúmeros movimentos sociais (FERREIRA, 1999:129-130). São movimentos populares que, além de estarem presentes na produção como conflitos nitidamente de classe, estendem-se a outras contradições sociais; são os antagonismos antes invisíveis dentro do quadro geral da política, como antagonismos étnicos, sexuais, regionais, urbanos, que ocupam, agora, posições de destaque. Estes novos conflitos situam-se, aparentemente, fora ou não apenas na produção e são de dois tipos: lutas contra formas de poder, repressão e discriminação, preferencialmente, na vida cotidiana. São movimentos que visam à democratização integral da sociedade (desigualdades no trabalho entre homens e mulheres, entre etnias e direitos humanos). Outros tipos de novos movimentos sociais são as lutas pela apropriação de bens e serviços no campo do consumo (movimentos urbanos de defesa do consumidor, lutas por moradia, contra a inflação, por acesso à educação, melhores condições de saúde, de transporte, etc.) e pela democratização da Comunicação.

O MST é um exemplo deste tipo de movimento. Eles já têm algumas rádios comunitárias, além de usarem outros veículos de comunicação, em São Paulo, Rio Grande do Norte, Ceará.

TAMAYO (1999:143) destaca a importância de os movimentos sociais se transformarem em movimentos políticos, superando os princípios radicais que os auto-excluíam de toda participação ou interlocução com o Estado e começando a colocar-se a possibilidade de que seus direitos estejam inscritos nas instituições e políticas públicas:

## PARTE 2 – COMUNIDADE APLICADA

*"Es aquí, donde com timidez surge la discusión sobre la urgencia y necessidad de que los movimientos sociales se traduzcan también en movimientos políticos, esto es en sujetos políticos directos y no a través de los partidos. Para conseguirlo, algunos de los movimientos sociales dejando atrás su radicalidad comienzan a reconocer a la democracia como um mecanismo válido que posibilitaría el cambio en las relaciones de inequidad social, étnica, de gênero, etc."*

Outro aspecto fundamental destes novos movimentos sociais é o reforço à identidade cultural dos grupos organizados, o que se torna um elemento essencial à consolidação e estruturação do movimento. Interesses comuns e referências culturais da mesma natureza estreitam os laços entre os membros do movimento, fortalecendo a luta coletiva.

O acesso à utilização do microfone pelos setores populares, participando como emissores, apropriando-se das técnicas e do modo de produção radiofônica, traz como consequências, segundo ACOSTA (2001: 6):

*"(...) la ampliación del horizonte de su mundo, ganando en auto-estima, revalorización cultural, aprendizaje permanente y una inserción en la esfera pública. Es lo que Castillo (1994:36) llama de "personalización", es decir, cuando "todo está teñido por el propio ser, por lo emotivo, la manera de percibirse". Este es uno de los elementos fundamentales del discurso radiofónico. Por tanto, podríamos decir que la radio comunitaria se tiñe de la vivencia de seres, que hablan de sí mismos y de los otros. Aquí se juega la clave de su popularidad, pero, paradójicamente – también la posibilidad de la entrada de tensión y desarrollo de choques estéticos-culturales, dentro del circuito de programación, incluso enturbiando o hibridizando en cierto modo la política comunicacional de una radio que busca ser comunitaria".*

PERUZZO (1995:157) afirma que, nas condições do Brasil e de outros países latino-americanos, onde os povos não têm tradições participativas nos processos decisórios, aliado à questão da reprodução de valores autoritários, carência de conscientização política e outros fatores, a participação em níveis mais avançados é de difícil concretização. Aos brasileiros, desde a época colonial foi dificultada ou até usurpada a possibilidade de avançar na prática participativa. Nossas tradições e costumes apontam mais para o autoritarismo e para a delegação de poderes, do que o assumir o controle e a co-responsabilidade na solução dos problemas. A dominação por um lado, e, por outro, a submissão e a resignação perpassam o cotidiano, a sociedade civil e o Estado: desde a família, a escola, o sindicato, o condomínio, a associação de moradores, o partido político, o governo, etc.

### 1. 2 – Movimentos Sociais e Rádios Comunitárias

Para NAHRA (1988: 183), a origem das rádios livres no Brasil foi marcada por objetivos diferenciados: algumas rádios livres surgiram para apoiar atividades da política, partidária ou sindical; outras transformaram o fato de transmitir o que quer que fosse, de música a relatos íntimos, em gesto de contestação ao monopólio estatal das concessões em radiodifusão; outras, ainda, pertenciam a amantes do rádio e da música.

Para NUNES (1995: 122-123), a experiência européia fornece pistas de que as rádios livres mais organizadas e regulares são parte integrante de projetos culturais e de movimentos sociais, e são, na verdade, o canal de expressão para conteúdos que não encontram representação nos meios de comunicação oficiais.

No caso de um bairro, uma rádio pode buscar caráter comunitário se trabalhar com conteúdos retirados do cotidiano local, do que une a todos na vida real e no dia-a-dia. É essa cultura do cotidiano que aproxima e identifica os indivíduos em uma comunidade. Buscar subjetividade no processo comunicativo é "agir" e "deixar agir" dentro da relação emissão-recepção (NUNES, 1995: 140).

No entanto, o agravamento da crise econômica e o fenômeno mundial da globalização, com a redução do emprego, vêm provocando uma crescente desarticulação na organização de muitos movimentos sociais cuja organização já era incipiente. Só resistem aqueles melhor estruturados. Os demais perdem-se em lutas internas, nas eternas disputas pelo poder que, na maioria das vezes, só destroem o pouco que foi construído com muito esforço[1].

Esse processo tem um impacto direto nas iniciativas de comunicação que foram estruturadas, para dar visibilidade aos movimento sociais e legitimá-los junto à sociedade. As experiências se dissolvem por dificuldades econômicas e brigas internas. As equipes se desfazem e muitos projetos de comunicação acabam abortados. Esse é o caso de inúmeras rádios autenticamente comunitárias que desaparecem, também, por não resistir às perseguições e pressões do Estado, da Abert e de outros setores sociais freqüentemente incomodados com as demandas e denúncias das distorções e contradições de uma sociedade desigual e discriminatória, onde as oportunidades não são iguais para todos.

**2 – Rádios Comunitárias no Brasil**

Herdeiras das experiências das rádios livres na Europa e das experiências do MEB e das radiadoras populares no Brasil, as rádios comunitárias mesclam-se aos movimentos sociais e comunitários. Relacionam-se, assim, com as instâncias políticas tais como o Estado, alvo das reivindicações e embates dos movimentos sociais e do setor econômico, à medida que concorrem com as rádios comerciais e as instâncias de solidariedade e de circulação dos laços sociais que animam um segmento, ainda que restrito, das rádios comunitárias.

A origem das rádios comunitárias, no Brasil, está relacionada às experiências de alto-falantes, utilizadas como "rádios do povo" não só aqui, como em outros países da América Latina. Uma das experiências mais conhecidas é a da Vila El Salvador, em Lima. Uma comunidade de 200 mil habitantes, estabelecida a partir de um assentamento, o sis-

---

[1] Foi o que aconteceu à Arcos-Cepoca (Associação de Rádios Comunitárias de Fortaleza – Centro de Produção em Comunicação Alternativa). Criada em 1987, suspendeu suas atividades em 2001, quando o processo eleitoral para a sucessão da diretoria implodiu a entidade, em função do enfrentamento de dois grupos com posicionamentos divergentes.

tema de alto-falantes ajudava ativamente na mobilização e educação popular. Em 1993, o Centro de Comunicação Popular local, existente desde 1974, já dispunha de uma emissora de rádio e de um canal de televisão. Essa experiência inspiraria a implantação de sistemas de alto-falantes na zona leste de São Paulo. Tudo começou em 1983, com o Proconel – Projeto de Comunicação Não-Escrita da Zona Leste II, que, em 1985, daria origem ao Cemi – Centro de Comunicação e Educação Popular, dentro do qual, em 1987, constituiu-se uma Coordenação das chamadas Rádios do Povo[2] (PERUZZO, 1998: 160-161).

Outra experiência significativa de sistemas de alto-falantes, nos anos 80, foi a Rádio Popular de São Pedro, sistema de alto-falantes instalado no bairro de São Pedro I, em Vitória, em 1985, que se transformaria na Rádio Popular de São Pedro em 2 de agosto de 1986, quando seus transmissores entraram no ar pela primeira vez[3] (PERUZZO, 1998: 165).

Em 1987, as experiências com alto-falantes se expandem em Fortaleza, com a implementação de um projeto de rádios comunitárias pela Prefeitura[4]. O sistema de alto-falantes do Jardim Iracema já funcionava desde 1982. Em 1988, seis experiências pioneiras com alto-falantes entraram em funcionamento nas regiões de Parangaba (Serrinha), Antônio Bezerra (Conjunto São Francisco), Barra do Ceará (Buraco do Céu), Mucuripe (Jardim Nova Esperança), Mondubim (Acarape) e Messejana (Lagoa Redonda). Assim, no início da década de 90, são contabilizadas um total de vinte rádios comunitárias em funcionamento na periferia de Fortaleza (COGO, 1998: 120).

---

[2] O pioneirismo coube à Rádio do Povo de Vila Nossa Senhora Aparecida, naquele bairro, que foi ao ar em 26 de abril de 1984. A partir de então desencadear-se-ia todo um processo, que levaria ao número de quarenta e duas unidades já em 1988 (PERUZZO, 1998: 161).

[3] A rádio fecharia definitivamente em 1994.

[4] Na ocasião, havia assumido a Prefeitura a socióloga Maria Luiza Fontenelle, primeira prefeita brasileira eleita pelo Partido dos Trabalhadores numa capital brasileira (1986).

COGO (1998: 124) registra também as experiências de rádios populares ou comunitárias em Recife, com a inauguração, em 1984, da primeira emissora de alto-falantes, a Rádio *Sabiá*, no bairro de Guabiraba, em Casa Amarela.

Surgiu em Vitória, no Espírito Santo, a primeira rádio livre brasileira em outubro de 1970, sendo fechada em fevereiro de 1971, no auge da ditadura militar, sob o governo de Emílio Garrastazu Médici, segundo NUNES (1995:104). A Rádio *Paranóica* foi criada por dois irmãos adolescentes transmitindo diariamente em FM. A programação era basicamente musical e a experiência durou um mês (LEITE,1988:165).

Depois surgiria a *Rádio Spectro*, de Sorocaba (SP), em 1976. A imprensa informou que essa cidade chegou a ter mais de quarenta emissoras desse tipo no início da década de 80. Outra pioneira seria, em 1978, a *Rádio Globo de Criciúma (SC)* (PERUZZO, 1998: 243).

Nos anos 80, surgiram, em São Paulo, inúmeras rádios livres. Em 1985, além da *Xilik* e da Rádio *Totó Ternura*, havia mais cinco no ar (LEITE, l988:173-174): a rádio *Patrulha*, de Ermelino Matarazzo, na zona leste, emissora da comunidade voltada para os problemas do bairro, que se iniciou a partir da utilização do sistema de alto-falantes, com a programação elaborada pelos próprios moradores do bairro; a *Bruaca*, na zona sul; a *Ilapso*, na zona oeste; a *Neblina*, no município de Guarulhos; e a rádio *Tereza*.

Um destaque merece a *Rádio Livre Paulicéia*, de Piracicaba (SP), uma das experiências mais significativas de rádio livre comunitária, que, com dez watts de potência, funcionou de 14 de julho de 1990 a 3 de abril de 1992. Sem fins lucrativos, de propriedade dos moradores do bairro de igual nome e ligada ao centro comunitário local, ela surgiu da necessidade de mobilizar a população para um mutirão da Prefeitura, mas cerca de 15 dias depois tomou rumo próprio (PERUZZO, 1998: 251).

No Rio, a primeira rádio livre foi *Frívola City,* que surgiu em 1986 (LEITE, 1986:177-178). *Frívola City* foi uma das primeiras rádios livres a se engajar na campanha política para as eleições de 1986, apoiando a candidatura de Fernando Gabeira, da coligação PV-PT, ao governo do Estado, ampliando o espaço eleitoral dos pequenos partidos, que era muito reduzido nas emissoras comerciais[5].

A rádio *Reversão* que surgiu em São Paulo e foi fechada em 09 de abril de 1991, tendo seus equipamentos apreendidos pela Polícia Federal e por agentes do Departamento Nacional de Fiscalização das Comunicações, antigo Dentel, tornou-se uma referência cultural na comunidade onde surgiu, com uma produção rica e criativa, estimulando o ouvinte a criar e a participar das emissões (NUNES, 1995).

Segundo Tomaz[6], as rádios livres servem como canais de expressão do descontentamento e como tentativa de sublevar essa "identidade traçada" pela mídia. "Fazemos rádio livre para democratizar os meios de comunicação, democratizar os mitos, a indústria da produção cultural e os meios de divulgação cultural" (NUNES, 1995: 12).

O grupo que dirigia a rádio estimulava também a vinda de políticos à emissora, para debater com os ouvintes presentes, como Fernando Gabeira, então candidato à Presidência da República em 1989, pelo Partido Verde, e o vice-prefeito de São Paulo, à época, Luiz Eduardo Greenhalg (NUNES, 1995: 15).

A Rádio *Novos Rumos*, em Queimados, que surgiu na Baixada Fluminense, em dezembro de 1990, foi fechada em 15 de maio de 1991, e foi uma das experiências de rádio comunitária mais importantes do Brasil. Os programas geralmente eram feitos ao vivo, com exceção dos religiosos, produzidos pelas próprias igrejas. Na Rádio, encontravam espaço os batistas, os pentecostais, os católicos e os católicos carismáticos. Um dos resultados mais impressionantes da *Novos Rumos* foi a diminuição dos índices de violência na comunidade, durante os três meses em que a rádio ficou no ar. Segundo Sebastião[7], a emisso-

---

[5] Em Belo Horizonte (LEITE, 1988: 177-178), Fernando Cabral, candidato do PT ao governo do Estado de Minas, contou com o apoio da rádio livre, a "Tem Cabral no seu dial" (VEJA, 17/09/87, pág. 103).

[6] Leo Tomaz, dono da rádio "Reversão" (NUNES, l995: 12).

[7] Sebastião Correa dos Santos, radialista e um dos idealizadores da rádio (NUNES, 1995: 19).

ra veiculava um programa policial, apresentado por um ex-policial militar que tinha ligações com o delegado local (NUNES, 1995: 19):

"Ele agia como um defensor público e ameaçava os criminosos. A violência diminuiu bastante no período da rádio (...) É uma briga entre o mar e o rochedo. É incrível que se impeça que essas experiências sejam legalizadas. A gente quer ver o povo falar, fazer valer a sua cultura. Nós também temos capacidade de elaborar nossos próprios programas, mas não basta ter canais nas mãos do povo. É preciso dar condições para que o povo faça desses canais um exercício constante de cidadania".

A rádio *Favela FM* 104.5[8] é uma das mais importantes experiências de rádio comunitária que está acontecendo atualmente no país. A rádio fica na favela Nossa Senhora de Fátima, que integra outras 11 do bairro Serra, de Belo Horizonte, como mostra uma pesquisa feita por Sebastião Geraldo Breguêz[9]. O autor acompanhou de perto o trabalho da rádio por quase dois meses, fez entrevistas com a equipe da emissora, com moradores da favela e ouvintes de várias regiões de Belo Horizonte.

*Favela FM é* uma emissora criada por favelados, em 1981, com a ajuda da Igreja Católica e da associação de moradores, com o objetivo de atender às necessidades da localidade, principalmente aos problemas de segurança e de drogas. Ela se situa numa região responsável por cerca de 25% dos homicídios que acontecem em Belo Horizonte e pela maior taxa de crescimento demográfico, com grande número de crianças. O sucesso foi tão grande que a rádio se transformou na terceira maior audiência de Belo Horizonte. Com uma programação musical

---

[8] Relatório final da pesquisa apresentado no site *Sala de Prensa – Web para profesionales de Comunicacion Iberoamericanos*, Febrero 2001, Año III, vol. 2.

[9] Colaborador do site *Sala de Prensa*. Doutor pela Universidade de Estrasburgo (França) e professor do Curso de Comunicação Social da Universidade Vale do Rio Doce (Univale).

variada, um jornalismo realista e com denúncias, a *Favela FM*[10] conquistou a confiança dos ouvintes.

Houve muita repressão ao funcionamento da rádio, mas, desde 1995, o líder fundador da emissora, Misael Avelino dos Santos, resolveu parar de fugir e ter uma sede fixa. A partir daí e com o crescimento da audiência e do reconhecimento do trabalho deles, a repressão foi diminuindo[11] até a obtenção da concessão oficial de rádio educativa, condição em que se encontra funcionando atualmente.

No Ceará, uma das experiências mais importantes de comunicação educativa é a rádio *Mandacaru FM* 98.5, situada no bairro Ellery, em Fortaleza, com gestão coletiva e programação plural, que é feita totalmente pela população do bairro. Na rádio, a vivência cultural através da música é o caminho que atrai o povo a exercer sua cidadania, participando de movimentos sociais e políticos (OLIVEIRA, 2002: 135):

> "Fica evidente que a proposta socioeducativa da Mandacaru define-se pela promoção do lazer e da dinâmica musical que a emissora prioriza. Na verdade, esse estilo mais do que uma definição *a priori* é o resultado da abertura que a emissora vem dando aos diversos grupos culturais que estão presentes na rádio. Portanto, uma emissora estruturada pela Associação

---

[10] O conteúdo da programação é marcado pela irreverência, com exceção do "Rosa Choque", voltado para as mulheres e comandado por Dona Mariquinha, de 70 anos. Um dos programas, também de grande audiência, é o "Som Rap", animado pelo filho do diretor da rádio, o Misaelzinho, de apenas 10 anos. A rádio funciona de portas abertas e os moradores da favela podem, a qualquer momento, ocupar sua freqüência com reivindicações e recados. Assim, recebe diariamente cerca de 700 telefonemas. Depois de 17 anos no ar, a emissora já possui sua grade de programação própria, das cinco horas da manhã até a uma hora da madrugada, graças ao revezamento de uma equipe hoje com 30 membros. O Sindicato dos Jornalistas da Alemanha considerou a experiência da rádio como 'uma revolução na mídia do Terceiro Mundo'. E o diretor, Misael Avelino dos Santos, diz que isto é devido a sua programação aberta e com uma comunicação para todos os tipos de pessoas. "Não distinguimos raça, sexo, cor, nada", diz.

[11] *Ibidem*.

PARTE 2 – COMUNIDADE APLICADA

Comunitária do bairro Éllery, entidade tradicionalmente fundamentada numa filosofia polarizadora que se apóia em atividades como debates, reuniões, mutirões, passeatas e mobilizações de cunho político, distanciadas do vínculo com o lazer, passou a desenvolver através da rádio comunitária Mandacaru FM uma aproximação mais sólida com uma proposta comunicativa que destacou um processo educativo mais amplo do realizado anteriormente. Isso ocorre porque, além de se utilizarem elementos de mobilização política e de priorizar as assembléias, reuniões, cursos e debates como estratégias de mobilização e educação política, passou-se a destacar através da música, da produção artística e do lazer uma proposta educativa mais sedutora".

Outra experiência cearense, internacionalmente conhecida, é a da Rádio Comunitária *Casa Grande FM*, que fica no município de Nova Olinda, na região do sul do Estado, a seiscentos quilômetros de Fortaleza. Tanto OLIVEIRA (2002) quanto ACIOLI (2002) consideram *Casa Grande FM* uma experiência de educomunicação. A rádio integra, na verdade, um amplo projeto de comunicação educativa, em que as crianças começam a exercer sua cidadania a partir do reforço à identidade cultural local e de vivências coletivas que ampliam seus horizontes, envolvendo produção em tv, teatro, grupo musical, editora e outras atividades culturais realizadas por crianças e adolescentes, que são também responsáveis pela gestão do processo, sob a supervisão de Alemberg Quindins e Rosiane Limaverde, músicos e animadores culturais em Nova Olinda (ACIOLI, 2002: 55):

"(...) a Fundação Casa Grande pode ser definida como um projeto de educomunicação, por possuir as características de educação para os meios de comunicação; da autogestão, ou gestão de um ecossistema educomunicativo; da intermediação tecnológica no processo educativo e da reflexão epistemológica, presente neste trabalho.

Concluo ainda que esse projeto cabe nas definições de educação de Paulo Freire, à medida que os meninos adquirem autonomia e se tornam capazes de refletir sobre sua própria existência, definindo o caminho que desejam seguir.

Mais do que isso, eles adquirem a liberdade de soltar a enxada e escolher um futuro de acordo com as suas inclinações, conscientes de que são parte de um todo, mas sem perder a forte ligação com a memória do lugar onde vivem".

Com a mobilização e o crescimento das rádios comunitárias no Brasil, o que mudou foi que, na década de 90, as rádios livres, posteriormente chamadas de rádios comunitárias, passaram a ser uma iniciativa não mais de jovens amantes da tecnologia, restrita ao eixo Sul e Sudeste do Brasil, e sim experiências existentes por todo o território brasileiro, envolvendo também iniciativas dos movimentos sociais e culturais populares, e o aparecimento de emissoras financiadas e promovidas por políticos[12], e por comerciantes e religiões evangélicas (OLIVEIRA, 2002: 51).

---

[12] No site da Abraço – Associação Brasileira de Radiodifusão Comunitária (http://www.abraço.sc.htm), há um documento intitulado "Abraço e os Movimentos Sociais", que fala do surgimento da entidade: "A Abraço surgiu do Movimento pela Democratização da Comunicação composto por vários segmentos da sociedade organizada, que promoveu em todo o país debates, seminários e encontros para discutir com toda a sociedade a necessidade imperiosa de democratizar os meios de comunicação. (...)A Abraço representa a comunicação comunitária. E quem são os principais beneficiários da comunicação comunitária? São justamente os movimentos organizados, excluídos da grande mídia. Portanto, como principais beneficiários, nada mais justo que os movimentos se responsabilizem pelo fortalecimento da Abraço, para que ela possa ter condições de atuar nas comunidades difundindo os conceitos da verdadeira comunicação comunitária, mobilizando-as para a construção de rádios comunitárias sob o controle da própria comunidade. Pois, os oportunistas estão ganhando terreno.

Há prefeitos montando emissoras chamando-as de comunitárias, há empresários de propaganda montando emissoras chamando-as de comunitárias, há igrejas montando emissoras chamando-as de comunitárias. O que vai acontecer? As comunidades, desinformadas, vão acreditar que essas emissoras são realmente comunitárias e não vão lutar e se organizar para terem suas emissoras e a comunicação irá continuar verticalizada, sem espaços para as comunidades (...). *José Luiz do Nascimento Sóter – presidente da Abraço Nacional*."

## PARTE 2 – COMUNIDADE APLICADA

A legalização das emissoras comunitárias através da lei nº 9.612, aprovada em fevereiro de 1998, com restrição da potência do transmissor, definindo as regras de participação da sociedade civil, vetando a formação de redes, impedindo a utilização de publicidade, praticamente inviabilizou a existência da maior parte das experiências autenticamente comunitárias, favorecendo, na prática, a sobrevivência das emissoras ligadas a políticos e comerciantes, que são as que estão recebendo as autorizações para funcionamento legalizado em sua maioria. Isso sem contar a repressão durante o governo Lula, que fechou praticamente todas as rádios comunitárias que não estavam legalizadas. Atualmente, existem rádios dos mais variados formatos, desde comerciais/musicais, comerciais/evangélicas, comunitárias/autogestionárias, de bairro, de universidade, de grupos culturais, anarquistas, de movimentos musicais, de minorias e muitas outras (NUNES, 1995: 172):

> "Em São Paulo, por exemplo, a maioria das intervenções com caráter comercial/musical e comercial/evangélica reproduz a mídia oficial, explorando o rádio com a venda de anúncios, aluguel de horários e divulgação de produtos do mercado organizado de bens culturais. Este formato, na prática, não traz inovação na linguagem e apenas minituariza o sistema de comunicação oficial".

Foi em novembro de 1995 que se institucionalizou o termo "rádio comunitária", no I Encontro Nacional de Rádios Livres Comunitárias, definidas como aquelas que têm gestão pública, operam sem fins lucrativos e têm programação plural. Elas se encaixam no perfil das chamadas rádios de baixa potência. Mas nem todas as rádios de baixa potência são vistas como "comunitárias". Um grande debate vem sendo travado em torno do assunto, havendo uma tendência de se distinguir entre aquelas emissoras que são realmente "comunitárias" e as que não o são. Comunitárias seriam aquelas que, tendo como finalidade primordial servir à comunidade, podem contribuir efetivamente para o desenvolvimento social e a construção da cidadania. Este não é o caso, por exemplo, das rádios que só têm caráter comercial (PERUZZO, 1998; 253).

Aqui é necessário destacar o que entendemos por rádio comunitária. São comunitárias as rádios que asseguram a participação plural de amplos segmentos sociais de todos os matizes que compõem uma comunidade, entendida como grupo social, agregado por interesses, vivências e/ou não de um espaço geográfico comum[13], que participam de forma organizada e decidem coletivamente os caminhos a serem trilhados pelo grupo, tendo voz ativa nos diferentes canais de participação necessários à estruturação da emissora, tais como vivências políticas, elaboração da programação, etc.

Para PERUZZO (1998: 257-258), uma rádio comunitária para ser assim caracterizada, mais do que estar circunscrita a uma localidade e falar das coisas desta, tem que ser sem fins lucrativos, com programação comunitária e gestão coletiva, ser interativa, valorizar a cultura local, ter compromisso com a cidadania e a democratização da comunicação.

Segundo OLIVEIRA (2000:12), além dessas dimensões restritivas impostas pela legislação, as rádios comunitárias sofrem uma forte oposição por parte da Abert – Associação Brasileira de Rádios e Televisão –, que representa o interesse das empresas de comerciais de comunicação do Brasil, cuja maioria é confessadamente contrária à difusão radiofônica comunitária. Não há dúvida alguma de que as restrições mencionadas foram fruto do *lobby* escancarado da Abert e que encontraram boa acolhida junto ao governo e muitos congressistas ligados, direta ou indiretamente, a estas empresas de comunicação.

Mas, conforme observou o jornalista Nivaldo Manzano, a oposição da Abert não é pura e simplesmente por causa da concorrência pelo mercado publicitário e sim pelo que representam na disputa pelo poder político no Brasil. Segundo ele, "60% dos parlamentares são proprietários ou sócios de empresas de comunicação de massas e os demais, dependentes delas para se reeleger. Agora se prevê, por exemplo, autorização para um único canal (canal convencional) por município (quando

---

[13] Com o advento da Internet, os conceitos de identidade e comunidade passam por redefinições contemporaneamente.

a tecnologia permitiria a operação de muitos) funcionando a menor potência para não estragar os negócios da Abert".

Apesar dessas restrições, podemos dizer que têm ocorrido várias e diferentes experiências de emissão radiofônica comunitária no Brasil e que, querendo ou não, hoje fazem parte de um fenômeno político cultural emergente no cenário público e midiático brasileiro e, infelizmente, ainda carente de estudos e avaliações mais aprofundados. Foi exatamente a ampliação desse fenômeno que proporcionou o surgimento de uma grande pressão política por parte de diversas entidades da sociedade civil, inclusive das próprias organizações das emissoras, como a Abraço, que levaram o governo a regulamentá-las através de lei (1998) e a Abert a tentar restringi-lo. Entretanto, apesar das restrições, a Lei discutida e aprovada pelo Congresso Nacional deu publicidade à questão da regulamentação da radiodifusão no Brasil e mostrou, simultaneamente, a necessidade de democratização da comunicação no Brasil onde, sem dúvida alguma, está reservado um papel estratégico para a radiodifusão comunitária.

## 3 – Exercício da Cidadania
## face à Redefinição da Esfera Pública Social

### 3. 1 – Cidadania e Mídia

A redefinição da esfera pública social tal como a conhecíamos é inegável. O fenômeno denominado de "midiatização da esfera pública" confere novos significados e possibilidades ao efetivo exercício da cidadania nos tempos atuais.

Para CANCLINI (1997: 247-248), é no contexto da apropriação da cena pública pelos meios eletrônicos de comunicação, que se converteram nos principais formadores do imaginário coletivo, que estão presentes os cenários de consumo onde se forma o que poderíamos chamar de bases estéticas da cidadania.

A noção de cidadania ligada ao consumo leva também à redefinição do conceito de comunidade. Para CANCLINI (1997:261), a história recente da América Latina sugere que, se ainda existe algo como um desejo de comunidade, este se relaciona cada vez menos a entidades macrossociais tais como a nação ou a classe, dirigindo-se, em troca, a grupos religiosos, conglomerados esportivos, solidariedades geracionais e círculos de consumidores de comunicação de massa. Um traço comum a estas comunidades atomizadas é que elas se organizam mais em torno de consumos simbólicos do que em relação a processos produtivos:

> "É difícil imaginar, por isso, como poderiam contribuir para reanimar a economia. Só em caso de extrema necessidade ressurgem solidariedades econômicas: greves, ondas populares, cooperação nas situações de catástrofe. As sociedades civis aparecem cada vez menos como comunidades nacionais, atendidas como unidades territoriais, linguísticas e políticas, e manifestam-se, principalmente, como comunidades hermenêuticas de consumidores, ou melhor, como conjuntos de pessoas que compartilham gostos e pactos de leitura em relação a certos bens (gastronômicos, desportivos, musicais), os quais lhes fornecem identidades comuns".

O processo de consumo de bens simbólicos que caracterizaria a vivência de novas formas do exercício da cidadania é essencial para compreender a relação que se estabelece entre as comunidades e as rádios comunitárias aí instaladas, que realmente refletem a pluralidade de interesses e de opções no interior de um determinado grupo. Nesse caso, o consumo dos bens simbólicos configurados na programação da emissora é assimilado, reelaborado e devolvido à própria comunidade através da reflexão permanente sobre os produtos radiofônicos realizados, que são incessantemente "reconstruídos", colocando-se, assim, em sintonia contínua com os ouvintes da emissora comunitária que integram uma espécie de comunidade virtual, unida por uma linguagem única permeada por interesses coletivos múltiplos.

O exercício da cidadania na esfera pública contemporânea assume parâmetros bem diferenciados. Segundo BARBALET (1989: 11-12), a cidadania encerra manifestamente uma dimensão política, mas a prática mostra que isto não é suficiente para que ela seja compreendida. O problema está em quem pode exercê-la e em que termos. A questão está, de um lado, na cidadania como direito e, de outro, na incapacitação política dos cidadãos, em razão do grau de domínio dos recursos sociais e de acesso a eles. Por exemplo, da ágora grega não participavam escravos, mulheres e *metekes* (estrangeiros). No Brasil, a mulher e os analfabetos só adquiriram o direito de votar em 1934 e 1988 respectivamente. Assim, dependendo do período histórico e do país ou lugar, só uma parcela da população pode exercer plenamente a cidadania.

GOMES (1998:163-164) ressalta a decadência da esfera pública moderna. Ele destaca a diluição entre os contornos das esferas pública, privada e íntima e identifica a perda das três características básicas da esfera pública, que são a acessibilidade, a discursividade e a racionalidade, sem falar na degeneração do seu resultado mais essencial, a opinião pública. E é justamente a vinculação da esfera pública aos *mass media* e a *mass culture*, a sua submissão a estes, o fenômeno que configura da maneira mais evidente a degeneração da esfera pública moderna.

Nesse contexto, o exercício da cidadania torna-se cada vez mais complexo, já que o público enquanto tal (GOMES, 1998: 163-164) é substituído pelas negociações entre organizações e entre partidos, que são as formas pelas quais os interesses privados ganham configuração política. Essa participação do público de forma esporádica e plebiscitária redimensiona as formas de participação popular nas grandes decisões da esfera pública. As posições de pretensões ainda têm que ser mediadas discursivamente, mas não no interior da esfera pública e sim para e diante da esfera pública.

### 3. 2 – Rádios Comunitárias e o Exercício da Cidadania

PAIVA (2003:56) afirma que os indivíduos agrupados por interesses comuns podem retomar como cidadãos a possibilidade que lhes foi negada, de interferir nas decisões do poder público:

> "Nesse horizonte, o papel da comunicação comunitária é extremamente importante. Primeiro, porque, como a mídia comercial se torna a cada dia mais globalizante e universalista,

o tratamento dos assuntos passa a ser genérico e nada específico. O local, o regional só são iluminados uma vez que se enquadrem em certos critérios, como os de originalidade, repercussão, conflito, raridade. O surgimento de veículos a partir dos grupos comunitários tem caráter basicamente local, de abordagem de temática relacionada ao particular, o que interessa especificamente àquele grupo, e de conscientização de sua realidade (...)".

No trabalho de OLIVEIRA (2000:11), embora essas possibilidades democráticas ou espaço de embates, reivindicações e denúncias possam ser verificadas na mídia convencional e comercial, os atores sociais, principalmente os movimentos e grupos sociais organizados, também lutam pela constituição de novas formas midiáticas diferentes das características que marcam o modelo comercial hegemônico, e propondo a reconfiguração de suas práticas interacionais na esfera pública. A tese principal é a da democratização da comunicação que, entre outras coisas, propõe a constituição e ampliação das chamadas mídias comunitárias, cuja concretização já se tornou um fenômeno recente no panorama da comunicação midiática brasileira, através de regulamentação em lei de 1998.

Assim, teoricamente, elas[14] devem possibilitar o rompimento com as práticas discursivas que impõem o "silêncio" e a hegemonia de opiniões como é feito comumente na mídia comercial, cuja maioria é declaradamente descompromissada com o interesse coletivo, e indicar novas formas de construção da agenda pública. Isto pode ser possível, graças à crescente expansão e implantação de diversificadas experiências levadas a cabo por várias rádios comunitárias que colocam no ar diferentes vozes e questões no cenário público. A tecnologia simples e barata, a delimitação do espaço de transmissão que permite uma melhor interatividade com a audiência, a organização semiprofissional que permite o trabalho voluntário e sem interesses pecuniários e a desburocratização que facilita a participação do público na produção,

---

[14] Idem.

transmissão e recepção das mensagens são fatores decisivos para realizar tais propósitos. Assim, a opinião dominante difundida na mídia convencional, que busca formar uma espiral de silêncio diante da maioria, pode ser contraposta à prática de muitas emissoras radiofônicas comunitárias, embora este resultado não possa ser verificado em seu conjunto.

Na sociedade atual, em que a tecnologia e a velocidade se colocam em evidência nas dinâmicas sociais, faz-se necessário pensar a comunicação que se pode realizar nos meios populares. Mais do que as deficiências, até mesmo estruturais, em áreas como educação, saúde, moradia, trabalho e lazer, com as quais as camadas populares são obrigadas a conviver cotidianamente, a exclusão na produção social de informação e, logo, de comunicação destitui esses grupos do direito de decisão, participação e exercício da cidadania (SPENILLO, 2001: 2)[15].

Os novos meios e recursos de comunicação de massa ocupam, nesse contexto, um lugar decisivo. Estratégias de sedução cada vez mais sofisticadas são utilizadas por esses meios, que se transformam em instrumentos de conquista do público por interesses privados. Poderíamos falar de uma esfera pública midiatizada, em que os meios de comunicação assumem o papel de intermediários entre os grupos e seus interesses específicos com o restante da sociedade?

Para GUERRA (1999: 93), os meios de comunicação e os jornalistas devem renunciar à tentação de substituir os partidos e instituições, ou de ser utilizados como plataformas de grupos de poder para fins antidemocráticos. A missão dos meios não é a de pretender substituir as instituições que não funcionam, mas, sim, contribuir para que estas funcionem e se consolidem.

RAZIO (1999:97) afirma que o processo de estrangulamento deliberado da democracia vem levando a uma fragmentação paulatina da

---

[15] SPENILLO, Giuseppa (UFRPE). "Comunicação Comunitária e novas tecnologias – por uma formação profissional em busca da cidadania". *In*: Intercom – Sociedade Brasileira de Estudos Interdisciplinares da Comunicação – XXIV Congresso Brasileiro da Comunicação – Campo Grande /MS – setembro 2001. Mesa-redonda – 06 de setembro de 2001 – das 9h às 12h30min.

sociedade. Com isto, vêm sendo destruídos dois fundamentos decisivos da democracia liberal, ou seja, o princípio do governo responsável e de um povo democrático com capacidade consensual. O resultado é uma democracia vazia e carente de sentido, como acontece ao conceito de cidadania. O povo se desintegra com maior força onde grupos que não se suportam atacam uns aos outros. Vivemos num mundo de democracias formais, não reais, onde mandam os investidores e os especuladores financeiros, não os governos.

DIRKOS (1999: 281) destaca que, como resposta a esta progressiva desumanização, se produziu um peculiar e notório surgimento de pequenos meios – especialmente emissoras radiofônicas de frequência modulada de baixa potência – que ocupam um espaço deixado vazio e recriam a função essencial da comunicação social, isto é, a possibilidade de expressão de seres humanos concretos, dentro de uma sociedade concreta. Estes meios legitimamente denominados comunitários constituem o eco dos verdadeiros problemas, frustrações e esperanças de seu povo, localidade ou bairro. Cria-se, assim, um âmbito mais humano dentro do qual se recupera o sentido fundamental da comunicação: servir de vínculo ao intercâmbio de idéias e valores entre os membros da comunidade de que são parte. Através delas começam a expressar-se os próprios vizinhos, as instituições intermediárias, culturais, sociais, políticas e esportivas de cada localidade, o que de nenhum modo será possível sem a existência destes meios locais. Sua legitimidade foi comprovada, de outra forma, pela inserção que obtiveram estes meios de origem local, criados, concretizados e recebidos pelos membros da própria comunidade, que, embora contassem com a possibilidade de escolher entre uma programação cada vez mais ampla a partir da chegada do satélite, conservaram um espaço privilegiado entre as preferências dos ouvintes.

MOHME (1999: 108) trabalha com a concepção de cidadania participativa. Se a informação é poder, então a tarefa dos meios de comunicação democráticos é respeitar o direito à informação do povo em que reside a soberania. No século XX, consolidou-se o fato de que não há política sem meios de comunicação e não há meios de comunicação sem política.

Para MOHME (1999:108), os meios de comunicação de massa devem contribuir para a democratização da comunicação, sendo os intermediários entre a cidadania e a classe política, canalizando, difundindo, multiplicando ou diminuindo determinadas opiniões. Outorgam e retiram a credibilidade a determinados líderes e formações políticas. Uma segunda tarefa em prol da democratização é permitir a expressão das opiniões do cidadão comum, de maneira que termine o círculo vicioso de opiniões e confirmações ou discrepâncias entre os membros da classe política que termina afastada cada vez mais dos interesses e inquietudes concretos da cidadania. Porque se a informação somente flui em um só sentido, estamos criando e reproduzindo cidadãos passivos que só se contentam em estar informados e não em participar ativamente dos assuntos públicos.

Uma outra tarefa[16] dos meios de comunicação é informação relevante e não só de dados acessórios que ocorrem cotidianamente. Outra postura dos meios é a fiscalização da gestão pública. Finalmente, os meios de comunicação podem contribuir com a democratização da política, comunicando-se com seus diversos atores, dando a conhecer suas posições, suas discrepâncias e coincidências e buscando consensos em meio aos conflitos, pois sabemos que sua influência entre os cidadãos é enorme.

A forma autogestionária como se estruturam as rádios comunitárias como projetos pequenos de comunicação, nos quais se busca descentralizar a informação e exercitar a liberdade de informação, leva ao exercício efetivo da cidadania (NUNES, 1995:199). Ao democratizar a comunicação social, é possível estabelecer novas condições para se formar alternatividade futura em conteúdos, por exemplo, com a formação de uma opinião pública mais próxima da realidade, com o desenvolvimento da consciência crítica e da própria educação.

Para NUNES (1995: 199), um processo completo, que desloca a idéia do mega e abraça a idéia do pequeno, que inclui liberdade de expressão, informação confiável e produção cultural própria, pode ser sim um contraponto – uma alternativa à forma com que se organiza a

---

[16] Idem.

mídia oficial. Porque os valores já não serão mais aqueles estandardizados pelo mercado oficial de bens culturais, e sim aqueles que constroem a identidade da comunidade ou do grupo que organiza o processo, favorecendo a subjetividade e a cidadania.

A rádio livre estabelece, assim, novas relações de poder, como ressalta NUNES (1995: 212). O que a rádio livre representa para a comunicação social é a geração de novas relações de poder, descentralizado e democratizado. O primeiro passo para isso é admitir que o poder é bom, pode libertar e emancipar. A força que os monopólios possuem a nível nacional de influenciar comportamentos ou opiniões públicas pode ser dividida sem ser reduzida na sua intensidade, porque será outra e com referências localizadas.

## Conclusão

A atuação em rádios comunitárias pelos militantes de movimentos sociais lhes confere uma maior segurança e um conhecimento mais detalhado da causa que defendem. A produção de material para ser veiculado ao público gera, além disso, laços de solidariedade mais estreitos entre os participantes do grupo, fortalecendo a coesão interna e deixando mais nítidos os objetivos que o grupo persegue. Assim, o papel das rádios comunitárias transcende à publicização da causa defendida pelo movimento social junto à sociedade; ele fortalece o movimento social e ajuda a moldá-lo melhor, inclusive ampliando a percepção dos próprios militantes em relação aos objetivos que defendem e à causa que perseguem. É como ouvir o próprio eco e refletir sobre ele.

Além de tudo isso, fazer rádio comunitária é uma forma alternativa de exercer a cidadania e estabelecer laços sociais mais amplos com o conjunto da sociedade. O que começa como um movimento social através do uso de meios de comunicação alternativos pode crescer e desembocar num movimento social de massa. Esses movimentos sociais, muitas vezes, podem transformar-se em movimentos políticos, o que lhes pode conferir uma outra configuração social. Esse processo é diferenciado da instrumentalização que alguns partidos políticos fazem da rádio comunitária. Esse é um processo inverso, de cima para baixo, pelo qual o rádio é instrumento de doutrinação e arregimentação, convertendo-se, na melhor das hipóteses, num mecanismo de fortalecimento de uma organização política dentro da sociedade, quando o grupo político está em sintonia concreta com as reais expectativas coletivas.

## Referências

ACIOLI, Socorro. *Fundação Casa Grande: Comunicação para a Educação*. Fortaleza, maio de 2002, mimeografado.

ACOSTA, Luis Fernando Ibañez (Mestre em Comunicação e Informação)."Paseo Antropológico por El Dial de la Radio Comunitária". In: INTERCOM – Sociedade Brasileira de Estudos Interdisciplinares da Comunicação – XXIV Congresso Brasileiro da Comunicação – Campo Grande /MS – setembro 2001.

AGUILAR, Miguel Ángel et alii. *Medios de Comunicación y Cultura Política*. Editorial Pablo Iglesias, Madrid, 1999. 302 p.

BARBALET, J. M. *A Cidadania*. Lisboa, Estampa, 1989.

CANCLINI, Néstor García. *Consumidores e Cidadãos – Conflitos Multiculturais da Globalização*. Rio de Janeiro: Editora UFRJ, 1997.

COGO, Denise Maria. *No Ar... Uma Rádio Comunitária*. São Paulo: Paulinas, 1998.

FERREIRA, Maria Nazareth (org.). Cultura, Comunicação e Movimentos Sociais. São Paulo: Celac: ECA/USP, 1999.

FESTA, Regina; SILVA, Carlos Eduardo Lins da (orgs). *Comunicação Popular e Alternativa no Brasil*. São Paulo: Paulinas, 1986.

GOMES, Wilson. Esfera pública política e media II. *In*: RUBIM, Antonio Albino Canelas; BENTZ, Ione Maria Ghislene Bentz e PINTO, Milton José (orgs.) *Práticas discursivas na cultura contemporânea*. Porto Alegre: Unisinos, 1999, p.203-231.

NAHRA, Cintia Maria Leite. *Rádio Institucional e Rádio Livre: Rupturas no Modelo Comunicacional Dominante*. Florianópolis, mimeo (dissertação de Mestrado), fevereiro de 1988. 355 p.

NUNES, Márcia Vidal. *Rádio e Política: Do Microfone ao Palanque* – os Radialistas Políticos em Fortaleza (1982-1996). São Paulo: Annablume, 2000.

NUNES, Marisa Ap. Meliani. *Rádios Livres – o Outro Lado da Voz do Brasil*. São Paulo, mimeografado (dissertação de Mestrado apresentada ao Departamento de Jornalismo e Editoração da Escola de Comunicações e Artes da USP), 1995.

OLIVEIRA, Catarina Tereza Farias. *Escuta Sonora*: Educação Não-Formal, Recepção e Cultura Popular nas Ondas das Rádios Comunitárias. Campinas, mimeografado (tese de Doutorado), 2002.

OLIVEIRA, Valdir de Castro. "A Reconfiguração do Espaço Público nas Ondas das Rádios Comunitárias". *In: I Simpósio de Rádio e Cidadania na América Latina* (org.: Federação Latino Americana das Faculdades de Comunicação/Abecom e ECA/USP, de 23 a 26 de outubro de 2000 no Memorial da América Latina, em São Paulo).

PERUZZO, Cicilia Maria Krohling. *Comunicação nos Movimentos Populares – A Participação na Construção da Cidadania*. Petrópolis: Vozes, 1998.

PAIVA, Raquel. *O Espírito Comum – Comunidades, Mídia e Globalismo*. 2ª edição. Rio de Janeiro: Mauad, 2003.

## COMUNICAÇÃO COMUNITÁRIA SE APRENDE NA ESCOLA? RELATOS DE UMA APRENDIZ

Desirée Cipriano Rabelo
Com testemunhos de outros companheiros de viagem

O amadurecimento da democracia no Brasil e o crescimento do chamado terceiro setor ampliaram a demanda por profissionais de comunicação capazes de desenvolver e estimular projetos de mobilização e educação para a cidadania. Nas faculdades de Comunicação Social, a disciplina Comunicação Comunitária – ou equivalente – geralmente é a responsável pela apresentação desse tema e a capacitação dos alunos. Porém, mais que apresentar um conteúdo, a disciplina é desafiada a implementar um processo de ensino-aprendizagem coerente com o espírito das práticas sociais observadas. Comunicação Comunitária rima com Educação Libertadora – para isso professores e alunos precisam acreditar e... ousar. Compartilhamos neste artigo algumas reflexões a partir das vivências realizadas no curso de Comunicação Comunitária da Universidade Federal do Espírito Santo, no período de 2002 a 2004.

### Ontem e hoje: do alternativo ao obrigatório

Houve um tempo em que se dizia *Comunicação Alternativa*. Era a época dos jornais mimeografados, das rádio-cornetas, dos murais com colagem, teatro de bonecos. Tudo isso produzido com muita luta, suor e até mesmo sangue, em espaços de fato alternativos, muitas vezes clandestinos. Eram as comunidades de base, as associações de moradores, as pastorais populares, os sindicatos. Não apenas a mensagem era alternativa à hegemônica: as mídias diferenciavam-se também por seus formatos artesanais, pela falta de recursos. Os poucos profissionais de comunicação que atuavam nessa produção muitas vezes o faziam como militantes.

Muita coisa mudou desde as décadas de 60 e 70. Infelizmente, no Brasil, persistem as concentrações de renda e poder e a dificuldade de acesso, da maioria, aos bens essenciais – por isso mesmo seguem essenciais a informação alternativa e o respaldo constante à mesma, além da contestação organizada contra todo controle, monopólio ou mentira (CASALDÁLIGA, 2005). Mas, noutras áreas, especialmente na política, houve avanços. Entramos o século XXI com a democracia consolidada e ampliando e aperfeiçoando os espaços de participação sempre mais.

Em 2001, por exemplo, a Lei nº 10.257, regulamentou os artigos 182 e 183 da Constituição Federal estabelecendo as diretrizes gerais da política urbana, entre elas a gestão democrática da cidade. Aparecem revalorizados órgãos colegiados, debates, audiências e consultas públicas; iniciativa popular de projetos de lei e de planos. Também a política nacional de recursos hídricos é baseada na descentralização e na participação: os Comitês de Bacia Hidrográfica, órgãos colegiados formados por representantes da sociedade civil e do poder público, têm caráter normativo, deliberativo e jurisdicional. E os orçamentos e planejamentos participativos se multiplicam Brasil afora. Sem mencionar as experiências dos movimentos sociais e ONGs, cada vez mais com a presença ativa dos cidadãos.

Outra mudança importante: estamos em pleno apogeu da era da informação. Seguem em uso rádios cornetas, os fantoches e os murais. Mas a recente revolução tecnológica, além de novas mídias, democratizou as possibilidades de acesso e produção nas antigas e novas. O padrão "todos por um" rapidamente está sendo substituído pelo "todos por todos". Hoje, tecnicamente, mais que meros receptores, todos podemos ser produtores.

E aqui cabe a pergunta: nesse novo contexto, quais as funções do Comunicador Social? Há várias alternativas já colocadas – o que não significa que as antigas competências desse profissional tenham sido colocadas em xeque. Mas trataremos aqui especialmente das habilidades exigidas nos campos de comunicação/educação pró-cidadania realizadas nos movimentos sociais, organizações governamentais e não-governamentais. Ampliando a pergunta: qual a formação necessária para esse comunicador que também precisa promover e mediar os fluxos comunicacionais entre os vários atores sociais presentes nos diferentes espaços democráticos?

Nesses espaços, os processos e os produtos comunicacionais caracterizam-se pelo conteúdo pró-cidadania e pela ativa presença dos destinatários nas diversas fases da produção. Cada vez mais comuns, não se situam mais apenas no campo *alternativo*. *Comunicação para o desenvolvimento* é o termo utilizado por Waisbord (2003) para tal prática, embora ele reconheça a "proliferação de rótulos, abordagens e teorias" que se enquadram nessa idéia – dependendo dos patrocinadores e agências de cooperação, das ONGs e órgãos públicos. A despeito do labirinto lingüístico[1], Waisbord identificou "acordos importantes nas questões estratégicas e programáticas" que nos ajudam a compreender o perfil do(s) profissional(is) e as competências necessárias:

> "Existe um consenso crescente em torno de cinco idéias sobre a prática e o pensamento da comunicação para o desenvolvimento: a centralização do poder; a integração das abordagens 'top dow' e 'bottom-up'; a necessidade de usar a perspectiva da comunicação com ferramentas diferentes; a articulação entre a comunicação de massa e a interpessoal; e a incorporação dos fatores pessoais e contextuais" (WAISBORD, 2003, 60).

Ou seja, atuar na área de *Comunicação Comunitária* ou *para o Desenvolvimento*, na denominação utilizada por Waisbord, pressupõe uma visão e uma postura não conteudista ou unidirecional. Além das mídias convencionais, exige-se conhecimento e investimento nos pro-

---

[1] Comunicação para a mudança social, comunicação estratégica, marketing social, comunicação participativa, comunicação comunitária e comunicação para mobilização social são algumas dessas denominações.

cessos grupais e pessoais, com suas técnicas específicas, e também nos elementos simbólicos. "A forma como a paixão se mobiliza não é através da lógica, mas sim através de imagens e representações", nos ensina Toro (1996:28). Imagens e representações mobilizadoras, acesso às informações em formatos adequados aos diversos públicos e espaços e canais para debate e tomada de decisões – temos aí os ingredientes para a participação cidadã qualificada. E um profícuo campo de trabalho para o Comunicador Social.

### E a formação?

Este artigo é fruto do desejo de refletir sobre o cotidiano da sala de aula e a formação e o compromisso ético-político dos futuros profissionais da Comunicação Social. Partimos das experiências desenvolvidas na disciplina *Comunicação Comunitária*, no Curso de Comunicação Social da Universidade Federal do Espírito Santo (Ufes), entre 2002-2004.

Geralmente, nas faculdades de Comunicação Social, a disciplina *Comunicação Comunitária* (ou outras denominações que tenha) é a responsável por abordar a atuação dos comunicadores nos processos sociais[2]. Ela trata de (in)formar os estudantes sobre as experiências de comunicação nos movimentos sociais, organizações governamentais e não-governamentais nas áreas de educação, saúde, meio ambiente, entre outras. Ou seja, espaços que buscam profissionais capazes de atuar na perspectiva transdisciplinar, com criatividade e habilidade para estimular processos em prol de mudanças. Qualificações essas que exigem muito mais que o uso instrumental da mídia.

Não se aprende *Comunicação Comunitária* entre quatro paredes. Por isso, geralmente os alunos são orientados a identificar e analisar experiências ou mesmo a construir propostas de comunicação para projetos sociais. De fato, é essencial para os alunos e professores "conviver, partilhar e cooperar no seio das sociedades democráticas e solidá-

---

[2] Geralmente a disciplina é optativa, embora haja muitos cursos que sequer a oferecem.

rias" (SANTOMÉ, 1998, p. 7). Mas é preciso ir além do que a "visita" aos projetos sociais. Compreendemos que também é necessário rever nossa prática pedagógica. No caso da *Comunicação Comunitária*, em especial, corremos o risco de apresentar a proposta de uma comunicação participativa e cidadã utilizando uma metodologia autoritária, centrada no professor e com pouco espaço para a reflexão, criatividade ou mesmo subjetividade.

Esse é o primeiro desafio a ser vencido: a nossa prática docente. Embora a universidade promova o debate das teorias da aprendizagem, das novas formas de aprender e das propostas de multi e transdisciplinaridade, poucas vezes se volta para dentro de si mesma no exame de seu cotidiano. E assim amplia-se, cada vez mais, a brecha entre as metodologias de ensino-aprendizagem utilizadas e os processos cognitivos dos jovens contemporâneos (CASTELLÓN A., JARAMILLO C., 2004). Muito embora todos os cursos devam estar atentos a essas questões, a disciplina *Comunicação Comunitária*, especialmente, necessita de um projeto didático-pedagógico coerente com o seu conteúdo. Ela pode e deve ser um espaço privilegiado para a construção de novos olhares, sentidos e fazeres pedagógicos e para o exercício da transdiciplinaridade.

Os processos de desenvolvimento de comunidade pressupõem o autoconhecimento, o encontro e o respeito do outro (seu vizinho ou seu colega) e a leitura crítica da realidade para a construção de propostas coletivas em prol de mudanças. E esse era o trajeto que buscávamos recriar em sala de aula. Por suas características, ele não poderia ser feito isoladamente – era essencial associar-se a outras matérias e até a outros cursos.

A experiência da disciplina *Comunicação Comunitária*, como uma das propulsoras do projeto *Mobilização contra as fomes*[3], em 2003, foi o ponto de partida. Na ocasião, vários cursos da Ufes, membros dos movimentos sociais e políticos do Estado uniram-se em torno das questões: *Fome, qual é a sua?, Como a sociedade se organiza para comba-*

---

[3] Projeto de Extensão coordenado pelas professoras Desirée C. Rabelo/ Departamento de Comunicação Social e Teresinha M. Mansur/Departamento de Serviço Social.

*ter essas fomes?* e *Como a universidade contribui para saciar essas fomes?*. Os resultados dessa experiência foram tão positivos que se tornou imperativo continuar. Apesar das dificuldades, do desestímulo que tende a engessar mentes e corações, vimos que era possível buscar novos caminhos via práticas de pedagogia diferenciadas (PICCHI, 2003).

Por isso a experiência da *Mobilização contra as fomes* logo evoluiu para o projeto *Consciência e Competência Profissionais Pró-cidadania*[4], com as disciplinas "Seminário de Atuação Profissional", de Biblioteconomia, "Comunicação Comunitária em Jornalismo", de Comunicação Social, e "Metodologia do Serviço Social III", de Serviço Social. As reflexões de Freire (1996, 1980, 2001) foram o nosso ponto de partida para a busca da transformação do cotidiano escolar e para levar os atores envolvidos (estudantes, professores ou comunidades) a rever suas crenças, sentimentos, habilidades e compromissos sociais.

O primeiro objetivo do *Consciência e Competência...* era valorizar a sala de aula como espaço de formação cidadã de estudantes e professores, favorecendo a construção de projetos curriculares integrados. As metas do projeto: alunos e professores deveriam aprimorar sua capacidade de *Escutar* (a si mesmos, as tradições e conhecimentos, as áreas profissionais e atores envolvidos no processo); *Interagir* (no contexto de cada sala de aula, com os grupos interdisciplinares constituídos e os campos escolhidos) e *Expressar* (novos conhecimentos, propostas, linguagens e competências) (BIANCARDI, 2004). Com base nos conteúdos programáticos particulares, enfatizaram-se as interfaces com temáticas e atividades comuns. Como relata um dos alunos:

"Tivemos a oportunidade de ver a aplicação dessa teoria nos trabalhos interdisciplinares, em que nos deparamos com pessoas de cursos e experiências diferentes. Mas todos se colocaram à disposição para contribuir e aprender em conjunto. No começo do trabalho não sabíamos exatamente o que fazer.

---

[4] Registrado como Projeto de Ensino, sob a coordenação das professoras Alzinete Biancardi/Departamento de Ciência da Informação, Desirée C. Rabelo e Teresinha M. Mansur.

Não tínhamos nenhum manual ou projeto pronto, mas tínhamos autonomia para criar e tomar decisões. Fomos, aos poucos, construindo o grupo, um projeto de trabalho" (Monique Sunderhus Leppaus, aluna de Serviço Social). [5]

**Escutar, interagir, expressar**

Ao longo do semestre, o desafio dos professores foi desenvolver, numa estrutura organizacional marcada por exigências quase sempre restritivas, um processo didático-pedagógico coerente com a teoria proposta. As apresentações do projeto de ensino e dos trabalhos de grupo aconteceram em horários extra-classe – sempre com grande índice de participação e convidados das organizações estudadas. Também foram oferecidas atividades opcionais ligadas ao tema do projeto. Estimulava-se, assim, a autonomia dos alunos, de acordo com seus interesses, habilidades e competências individuais (PERRENOUD, 2000).

"Tudo é passível de mudanças. Diferenciar o ensino de graduação significou preparar com êxito aqueles alunos que se dispuseram a vivenciar, tão freqüentemente quanto possível, situações de aprendizagem em ambiente e com público de seu interesse" (Brisa Pozzi de Sousa, aluna de Biblioteconomia).

Para o desenvolvimento dos usuais trabalhos de campo, em comunidades ou organizações, formaram-se equipes com estudantes dos três cursos. Reconhecendo os processos diferenciados dos grupos e seus campos, não houve exigência da concretização dos projetos de intervenção. No entanto, em vários casos (fosse porque a equipe se articulou melhor e/ou recebeu mais apoio da instituição pesquisada) os produtos finais caracterizavam-se pela contribuição das competências específicas dos cursos envolvidos e das vivências pessoais e grupais (FREIRE, 1996).

---

[5] Essa e as demais citações assinadas por alunos foram extraídas dos memoriais descritivos entregues ao final do curso, em diferentes semestres.

Mesmo considerando-se as características atípicas da proposta (pelo menos no contexto da universidade), foram surpreendentes a adesão dos alunos, o nível dos produtos apresentados e o que chamamos de desdobramentos: alguns estudantes decidiram continuar os trabalhos mesmo após o encerramento do curso. Outros, motivados pela experiência, buscaram estágios e cursos relacionados ao tema cidadania.

"A disciplina ajudou a implantar mais sensibilidade aos nossos olhares. Descobrir alternativas ao atrasado mercado de comunicação de massa de nosso País. Outras opções são válidas, principalmente se quisermos exaltar a segunda palavra que dá nome ao nosso curso: Comunicação SOCIAL" (Luciano dos Reis Frizzera, aluno de Comunicação Social).

Os "memoriais descritivos", individuais, apresentados ao final do semestre, no formato ou linguagem escolhido pelo aluno, documentavam as interlocuções realizadas (com autores, com o campo de estudo ou com os colegas das outras turmas) e suas próprias vivências. No trabalho, predominou a avaliação positiva, com destaques para a experiência interdisciplinar e a intervenção social. Foram canções, esculturas, poemas, diários, cartas, vídeos, além dos textos convencionais – enfim, uma gama variada de formatos usados para registrar a "viagem realizada".

"Uma viagem que começa/por tentar entender/ a comunitária comunicação/ o que isso vem a ser?// (...) Procuramos referências/ pra continuar a navegar/ foi Paulo Freire, Elson Faxina, Desirée e Alzinete// (...) Pessoas diferentes/ e outras formas de pensar/ distintas áreas de atuação/ outra lógica de organização// Não achei uma resposta/ mas por isso mesmo valeu a pena/ descobri caminhos e alternativas/ conheci pessoas e realidades" (Poema "Navegar é preciso", de Hugo Reis, aluno de Comunicação Social).

"Neste texto, que poderei escrever com a deliciosa liberdade de me pronunciar na primeira pessoal, contarei, como num diário íntimo, a experiência de realizar a disciplina *Comunicação Comunitária*, no contexto de hoje, onde o individual predomina sobre todas as coisas, como a triste característica do homem moderno e da paradoxal globalização" (Maria Aparecida Alves da Silva, aluna de Comunicação Social).

Por toda essa complexidade de ações e produtos, ao final do semestre letivo nós, professores, sentimos falta de espaço e instrumental adequados para avaliar o impacto do projeto na formação dos estudantes, nos campos de atuação e em nosso prática pedagógica. Além disso, identificamos a forte dicotomia entre o tempo do período letivo e o tempo exigido pelos processos de educação/comunicação nos campos de estudo.

Também percebemos que um semestre letivo é muito pouco para que a cultura da "educação bancária", ainda tão arraigada nos hábitos de alunos e professores, dê lugar à Pedagogia da Autonomia que buscamos construir (FREIRE, 1980; 1996). Outra questão que permaneceu aberta: a carência de estratégias de incentivo à prática de leitura de textos escritos, pois os alunos estão mais familiarizados com textos visuais e/ou sonoros. No entanto, apesar dos resultados positivos, o projeto não teve continuidade, pois demandava uma dedicação que a dinâmica da universidade ainda não favorecia.

**Prazer, criatividade, alteridade**

A disciplina *Comunicação Comunitária* seguiu sendo oferecida nos semestres seguintes, sem vínculos com nenhum projeto ou curso, mas agora enriquecida e inspirada pelas experiências relatadas. Não sendo mais possível integrar-se com outras disciplinas e curso, investimos na "descoberta" do outro mais próximo, o colega sentado ao lado, na sala de aula, e os diversos atores encontrados nos campos de atuação. De fato, conhecer e respeitar o outro, aprender com ele e somar-se a ele fazem parte das exigências de qualquer processo de comunicação. A confiança e o respeito às diferenças, por exemplo, são fundamentais para o sucesso da mobilização nos trabalhos de orçamento participativo ou do plano diretor, nas reuniões de associação de bairro ou do sindicato, ou nos processos de educação ambiental.

Como não existe aprendizagem sem vivência, era essencial criar esse clima também entre os colegas de turma Mesmo causando certo estranhamento no início, a introdução de dinâmicas de grupo na sala de aula ajudou na interação e na reflexão sobre a importância da comunicação pessoal e grupal nos espaços democráticos de negociação. Entre brincadeiras e jogos, redescobria-se o prazer de aprender. E essa palavra, prazer, foi repetidamente mencionada pelos alunos, nas avaliações da disciplina, em contraposição ao desencanto, apatia e desconexão com a realidade que marcam a maior parte da vida universitária.

Há uma relação entre a alegria necessária à atividade educativa e a esperança. A esperança de que professor e alunos, juntos, possamos aprender, ensinar, inquietar-nos, produzir e, juntos igualmente, resistir aos obstáculos à nossa alegria (FREIRE, 1996, p.80).

Estimulados a construírem novas propostas, os alunos organizaram seminários recorrendo a outras linguagens – repetindo uma prática comum nos espaços de educação/comunicação participativos. Testavam, assim, a diferença entre os formatos convencionais de informação, a recepção do público e a capacidade de a mensagem provocar indignação e, logo, mobilizar. Independentemente dos resultados, a estratégia favorecia a revelação das habilidades, aptidões, crenças e desejos de cada estudante.

"O novo não pode ser acolhido ou negado só porque é novo. O novo deve ser acolhido porque ele é diferente, e as diferenças enriquecem, assim como as semelhanças unem. Estou me referindo à integração dos cursos (...) Houve resistência em acolher esse novo, diferente, mas o resultado foi enriquecedor para os alunos dos três cursos e para os educadores (...) No processo democrático de aprendizado, aprende o educando e aprende o educador" (Amélia de Jesus Paiva, aluna de Serviço Social).

Naturalmente, aconteciam os exercícios de alteridade – elemento essencial em qualquer processo dialógico, como se propõe a ser a *Comunicação Comunitária*. No primeiro semestre de 2004, por exemplo, um dos campos de estudo escolhidos foi o Hemocentro do Espírito Santo. E a primeira atitude assumida pelos alunos da equipe foi inscrever-se para doar sangue. Após essa iniciativa, por vários dias eles estiveram no local, ouvindo os doadores, conversando com funcionários, até chegarem aos responsáveis e, a partir daí, pensar a comunicação. Outros trabalhos envolveram crianças e adolescentes, fossem em orfanatos, em hospitais, escolas ou organizações de apoio. Geralmente, esses encontros do universitário com a comunidade causavam grande impacto:

> "Só consigo falar que a Comunicação Comunitária não é uma disciplina, é um tapa de luva. Nos deparamos com nossa postura egoísta, mimada, pequena. Nossa falta de sensibilidade em relação a seres como nós. Mas repensamos que a alteridade pode ser a saída para essa falta de compreensão. E, o que me parece, o aprendizado mais importante é reaprender a ouvir o outro" (Helena Santos, aluna de Comunicação Social).

Na busca de estratégias de incentivo à leitura, optamos por trabalhar com textos diferenciados, buscando estabelecer relação com as questões teóricas, os campos de atuação, a própria vivência da turma e até com o método de ensino utilizado. Também favorecer o debate sobre o voluntariado, as adesões (ou não) às mobilizações, etc. Já os campos de estudo revelavam distintas formas de lideranças e de organização, com suas dificuldades e vantagens próprias e, especialmente, estratégias de comunicação utilizadas. Defrontar-se com questões sociais tão urgentes trouxe para a sala de aula a discussão sobre as responsabilidades do governo, da sociedade civil e, em particular, dos profissionais da comunicação. E o reconhecimento de que vários setores demandavam uma comunicação diferenciada.

**Algumas reflexões finais**

Os memoriais descritivos, ao final do semestre, seguiram documentando os resultados obtidos pelos alunos. Chegavam numa variedade e até ousadia de formatos que me desafiavam como educadora – igualmente marcada pela educação bancária e pelos tipos convencionais de avaliação. Também os alunos, diante da riqueza das apresentações e vivências, se espantavam com as muitas possibilidades de "ler os textos" e as outras tantas de discuti-lo. Era também a redescoberta da importância dos elementos simbólicos, da "paixão que mobiliza".

Porém, reconhecemos que nem sempre foi possível coletivizar as ações e os resultados narrados nos memoriais. Os *tempos curriculares* são sempre menores do que os dos processos vivenciais. Por isso, num semestre, diante da impossibilidade de socializar e discutir os trabalhos finais, elaborei meu próprio memorial, comentando os que haviam sido feitos pelos alunos. Enviado por e-mail, o material gerou várias respostas, como se dando continuidade ao curso que, formalmente, já estava encerrado.

"Muito mais do que a instrução e a teoria relacionadas à mobilização, trabalho em conjunto, instrumentalização para agir e tantas coisas que pudemos aprender, fica a experiência de verificar, na prática, como podemos, enquanto comunicadores, ser instrumento de mudança. (...) Como na palavra do profeta (Jer 3:21): Quero sempre trazer à memória essas lembranças, para que não perca a esperança de poder fazer a diferença" (Jorge Luiz Stein Lamas, aluno de Jornalismo).

Como conclusão, é importante reforçar o desejo de apresentar, discutir e aprimorar a experiência – encerrada em meados de 2004. Mesmo que a sociedade, em suas diversas áreas, já caminhe a passos largos para a transdiciplinaridade, na universidade continuamos segmentados e muitas vezes surdos aos clamores por mudança.

Tendo em conta as demandas dos movimentos e organizações por profissionais de comunicação habilitados para atuarem na promoção da cidadania, julgamos que as experiências desenvolvidas no Curso de *Comunicação Comunitária* da Ufes, entre 2002-2004, foram bastante positivas. E por isso o desejo de compartilhá-las. Mas há muitas outras razões para essa boa avaliação. Entre elas, estão a experiência da vivência em grupo, a conexão entre a leitura da palavra e a leitura do mundo, a busca da coerência entre a teoria e o fazer pedagógico, o fortalecimento dos vínculos estudantes-professores, a qualificação do espaço da sala de aula, a compreensão e a vivência da multidisciplinaridade. E, além disso, a redescoberta do prazer de ensinar e de aprender para os que ousaram nessa viagem.

Porque, ao final, todos fizemos novas descobertas. E, como estudantes e profissionais de diversas áreas, aproximamo-nos do desafio lançado por Pedro Casaldáliga (2005):

"Todo dia, a partir do mais caseiro espaço de que dispomos até as crescentes grandes manifestações, exercer esse supremo dom humano da comunicação, na verdade, na compreensão, na solidariedade. Nos comunicar para nos conhecer. Nos comunicar para nos acolher. Nos comunicar para juntos nos salvar".

## Referências

BIANCARDI, Alzinete Maria Rocon; MANSUR, Teresinha Maria; RABELO, Desirée Cipriano. "Consciência e Competência Profissional Pró-cidadania: primeiras impressões sobre um projeto de ensino". 2004. Disponível em: http://www.prograd.ufes.br/seminario/seminarios.html. Acesso a 10 de out. de 2004.

CASALDÁLIGA, Dom Pedro. Para outra Humanidade, outra comunicação. *In*: *Adital Notícias da América Latina e Caribe*. http://www.adital.org.br Acesso em 04/11/2995.

CASTELLÓN Lúcia; JARAMILLO, Oscar. "Los desafios de la educación superior en la sociedade de la información". Santiago (Chile). Universidad Mayor, Facultat de Comunicación, 2004 (texto).

FREIRE, Paulo. *Conscientização: Teoria e prática da libertação*; uma introdução ao pensamento de Paulo Freire. 3.ed. São Paulo: Moraes, 1980.

_____. *A Importância do ato de ler*: em três artigos que se completam. 42.ed. São Paulo: Cortez, 2001.

_____. *Pedagogia da autonomia*: saberes necessários à prática educativa. São Paulo: Paz e Terra, 1996.

PERRENOUD, Philippe. *Pedagogia diferenciada*: das intenções à ação. Porto Alegre: ArTmed.

PICCHI, Magali Bussab (Org.). *Prazeres da docência*: retratos da vida. São Paulo: Arte & Ciência, 2003.

RABELO, Desirée C. *Comunicação e mobilização na Agenda 21 local*. Vitória: Facitec/Edufes, 2003.

SANTOMÉ, Jurjo Torres. *Globalização e interdisciplinaridade*: o currículo integrado. Porto Alegre: Artmed, 1998.

TORO A, José Bernardo; WERNECK, Nísia M. D. *Mobilização social*: um modo de construir a democracia e a participação. Brasília: Ministério do Meio Ambiente, Recursos Hídricos e Amazônia Legal, Secretaria de Recursos Hídricos, Associação Brasileira de Ensino Agrícola Superior, Unicef, 1997, 104 p.

## PARA REINTERPRETAR
## A COMUNICAÇÃO COMUNITÁRIA

Raquel Paiva

No prefácio de um livro sobre McLuhan, o jornalista americano Tom Wolfe especula: "Santo Deus – e se Marshall estivesse vivo nos anos 1990? O que aqueles dez anos não teriam sido para ele! Como teria adorado a Web! Eis que se cumprem as profecias feitas há trinta anos! O sonho de uma unidade mística, de toda a humanidade... concretizado!"[1] É importante resgatar o pensamento do criador do Centro para a Cultura e a Tecnologia, da Universidade de Toronto, neste momento, em especial a sua idéia de "aldeia global", porque o senso comum e até mesmo boa parte dos pesquisadores da área continuam a enxergar as redes e conexões tecnológicas como instauradoras de um momento mágico e promissor para a proximidade entre os indivíduos e povos. O encurtamento das distâncias e mesmo as unidades de tempo foram modificadas, gerando um novo ambiente e, conseqüentemente, novas formas de sociabilização.

Esse processo só tem se intensificado. Basta recordar os estudos, no final dos anos 80, do francês Paul Virilio, que propunha a sua "dromologia", uma espécie de ciência da velocidade e da aceleração. Nunca mais cessaram os estudos sobre as influências desse panorama caracterizado pela forte densificação tecnológica, que terminaria pon-

---

[1] MCLUHAN, M.

do a mídia no lugar das tradicionais relações intersubjetivas. E recentemente, no auge do uso do site de comunidades chamado "orkut", a Universidade do Arizona ressurge com um estudo em que se conclui que a utilização excessiva da internet e suas ferramentas reduz a vivência real entre amigos próximos e vizinhos.

Então estaria mesmo certo McLuhan?

Sabe-se hoje que boa parte de suas profecias/teorias vinham caucionadas e influenciadas pelo pensamento do padre jesuíta francês Teilhard de Chardin, geólogo e paleontólogo, que cunhou, em torno de 1910, a expressão *noosfera* para referir-se à unificação de todas as almas humanas pela tecnologia. Estaríamos hoje mais bem colocados em relação uns com os outros do que em épocas passadas? Este intenso fluxo de relacionamento poderia ser caracterizado como uma vivência comunitária? Deveríamos reinterpretar a vida comunitária à luz das novas possibilidades de trocas afetivas? São muitos os questionamentos que têm surgido a partir desse viés e inúmeras as possibilidades de respostas. Não se pretende aqui engrossar este volume com mais uma proposição, mesmo porque se tem a impressão de que os discursos e teorias parecem girar todos em torno do reconhecimento do fabuloso instrumento comunicativo que temos diante de nós neste momento histórico. É possível utilizá-lo para consolidar amizades antigas, algumas fadadas a se perder com a intensificação da velocidade no quotidiano das populações, mas também para contactar novos e possíveis afetos, movidos em primeira instância por interesses comuns. Não se trata aqui de discutir a natureza dessa sociabilidade. Mas se instauram como questão e inquietação o perfil e possíveis conformações da estrutura comunitária na atualidade.

Afinal, poderia estar certo o francês Maurice Blanchot[2] ao argumentar que a comunidade não serve para outra coisa senão reconhecermos nossa morte e nossa origem. E já não seria pouca coisa. Afinal, desde os primórdios, o homem se detém nestes dois pilares da existência (nascimento e término). A vida quotidiana, de vizinhança e proxi-

---

[2] BLANCHOT, M.

midade, propiciava uma vivência dos ritos de passagem de uma maneira quase exemplar, uma vez que, pela história dos outros, se reconheciam a própria história e até mesmo a viabilidade de total reformulação das possibilidades previsíveis. O olhar para a vida do outro – em toda a sua complexidade e amplitude de ocorrências – propiciava não apenas uma sensação de controle da própria existência, já que se poderiam prever certos eventos, mas uma intensa interação com o próprio significado de viver. O alargamento do vácuo, em detrimento de outras formas de vida, produz novos formatos de sociabilização e de vivência comunal bastante específicos.

A visão de Ferdinand Tönnies sobre as formas de convivialidade humana gerou uma concepção – largamente citada hoje em dia – de três possibilidades de vida comunitária: a *consangüínea*, ou seja, aquela calcada em laços de parentesco; a de *proximidade*, baseada nas relações de vizinhança; e a *espiritual*, atravessada pelos interesses, sentimentos, afetos em comum. Ele não elegia dentre as três a mais comunitária, e muito menos tentou traduzir formas de relação humana a partir de cada uma delas em separado. Talvez não tenha feito isto já porque acreditasse que uma vivência comunitária não poderia prescindir de nenhum desses aspectos – vizinhança, afeto e parentesco.

Mas como lidar com esta questão na atualidade? O caminho mais fácil tem impelido alguns pesquisadores a eleger pura e simplesmente a comunidade espiritual para classificar as relações humanas via tecnologia; a de vizinhança para caracterizar principalmente as comunidades dos espaços populares, ficando a de parentesco relegada ao abismo do qual ninguém se dispõe muito a falar, já que a própria concepção de família se encontra totalmente modificada, muito para além dos estágios catalogados, por exemplo, por Engels[3]. Ou talvez hoje se tenham fundido todos os estágios, e a família tenha um pouco de monogâmica, tinturas do estágio punuluano, e até mesmo da consangüínea, com forte presença da sindiásmica, em que o vale-tudo sexual ainda impera, exceto para a mulher, e a propriedade deixa de ser grupal.

---

[3] ENGELS, Friedrich. *A origem da família, da propriedade privada e do estado.* Trad. José Silveira Paes. São Paulo: Globo, 1984.

A retomada desses autores[4], aos quais recorremos dez anos atrás para conceituar a estrutura comunitária, tem um sabor de reeencontro de velhos conhecidos, com os quais se tem dialogado intensamente, através de suas obras, ao longo de uma década. Retomá-los hoje traz de novo, e com renovado vigor, a potencialidade da pergunta: o que seria uma vida comunitária na atualidade?

A primeira resposta assemelha-se a uma justificativa – aquela centrada na perspectiva de que, a partir da vida comunitária, tem-se a possibilidade da experimentação dos laços e vínculos entre seres humanos, entre seres humanos e o território, entre seres humanos e sua história, entre seres humanos e a natureza, entre seres humanos e o cosmo. Talvez o viés mais evidente desta vinculação se mostre em toda a área conectada com a *comunicação comunitária*. A presença física da proposta de veículos e processos comunicacionais comunitários tem sido revisitada amplamente, e sempre fazendo cada vez mais sentido, especialmente em países oligárquicos como o Brasil, onde a questão fundiária se conjuga com favores estatais e negócios privados nos setores que poderiam e deveriam ser de acesso público. Vide saúde, educação e, por que não, também a mídia.

Trabalhar, teorizar, debater a comunicação comunitária, é ainda hoje, para países como o Brasil, um chamamento político. Talvez se tenha se acentuado ou retomado o viés político que os anos 60 e 70 conferiram à questão da comunicação, em especial aquela voltada para os meios de radiodifusão. Ainda hoje, no Brasil, se convive com os mais avançados aparatos tecnológicos e a prisão e apreensão de grupos e indivíduos que decidem produzir mensagens e programação fora do escopo do que é considerado legal. Ainda hoje, em pleno século XXI, em todo o Brasil, se convive com inúmeras prisões e fechamento de emissoras de rádios. Muitas fenecem e delas nunca mais se ouve falar, outras há, entretanto, que persistem em seu projeto comunicacional, mesmo com a ausência de um veículo, transmutando-se em atividades com preocupação ecológica, com saneamento básico, com processos educacionais

---

[4] MCLUHAN, M.

e mesmo em atividades de lazer para populações ancoradas num mesmo espaço territorial.

Por esta razão, o âmbito da comunicação comunitária tem sido passível de intensa atividade principalmente por parte de setores universitários – professores e alunos – em processos comunicacionais surgidos com a marca da contra-hegemonia discursiva. No Brasil inteiro, florescem projetos que trazem esta marca. São todos muito ativos, obtêm vitórias pelo fato de se incrustarem nos imensos vácuos deixados pelo poder público, especialmente em tudo o que se refere à educação. Temos hoje dificuldade de mapear as inúmeras ações produtivas e com resultados positivos em que o viés da comunicação comunitária se entrelaça com o das inúmeras necessidades do povo brasileiro e latino-americano. O que ainda não temos quantificado é o resultado dessa atuação e se efetivamente ela tem conseguido gerar novas ordens de pertencimento. Imagina-se que, dentro de alguns anos, esses resultados irão emergir, alterando de maneira significativa a conformação das populações. É o que se deseja e no que se acredita.

Entretanto, cada vez mais e de forma muito mais agressiva, impõe-se a necessidade de se reinterpretar o conceito de comunicação comunitária. E esta é uma perspectiva animadora, porque se percebe que há em curso formas diferenciadas de compreensão e de conceituação. Cada vez mais se sente a premência daqueles que atuam nos veículos de comunicação comunitária, em especial o grupo da radiodifusão, de sistematizar formas para o aprimoramento da linguagem e da produção de novas formas discursivas.

No intuito de traçar um panorama que seja o mais esclarecedor possível sobre a presença da comunicação comunitária na atualidade, e para que este mapeamento siga um percurso com algum método, elegem-se aqui alguns dos pilares que consolidam ou justificam a presença da perspectiva comunitária no campo comunicacional. São eles:

1. **A comunicação comunitária constitui uma força contra-hegemônica no campo comunicacional.** Este aspecto é mais explorado no que tange à prática, à produção, do que especificamente no que

tange à reflexão. Isto porque pensar a produção, os veículos, a proposta de uma comunicação comunitária como estratégia contra-hegemônica significa reconhecer, em primeira instância, que toda a produção midiática situa-se no campo da produção hegemônica, no sentido que lhe conferiu o pensador italiano Antonio Gramsci.

Inicialmente vale lembrar que o termo hegemonia deriva do grego *eghestai*, que significa conduzir, guiar, liderar, ou ainda do verbo *eghemoneuo,* do qual deriva estar à frente, comandar, ser o senhor. Por *eghemonia,* o antigo grego entendia a direção do exército. Trata-se, portanto, de um termo militar. Hegemônico era o chefe militar, o comandante do exército. Também se pode registrar a utilização do termo na Grécia antiga para designar a supremacia de uma cidade frente às demais.

A idéia de hegemonia alcança a modernidade como dominação por consentimento e aceitação do dominado. Lênin utiliza o termo pela primeira vez num escrito em janeiro de 1905, no início da revolução russa. Nele, o termo ainda se enquadra no âmbito da teoria política, uma vez que "a hegemonia pertence a quem bate com maior energia, a quem se aproveita de toda ocasião para golpear o inimigo; pertence àquele a cujas palavras correspondem os fatos e que, portanto, é o lider ideológico da democracia, criticando qualquer incompetência dos outros".[5]

Entretanto, o argumento da "ação hegemônica", esboçado pelo pensador marxista Antonio Gramsci, é aquele que mais adequadamente propicia uma aproximação da compreensão do que significa a soberania de uma forma social. A idéia de hegemonia, como é entendida por Gramsci, permite que o olhar contemple não apenas o aspecto político, mas também e em igual medida o caráter formativo da cultura. Desta maneira, pode-se considerar que o conceito de hegemonia inclui o de cultura, de ideologia e de direção moral. O conceito, assim entendido, desloca-se do plano político para o da supremacia da formação econômico-social, isto é, da sociedade como totalidade.

---

[5] Lenin *apud* GRUPPI, Luciano, 1978. *Opere complete*, Roma: Editori Riuniti, 1960, vol VIII, p.66.

A partir do entendimento do significado e da aplicação social do conceito de hegemonia, torna-se possível a compreensão das formas reguladoras, de forças coercitivas e de estruturas de dependência, para além da explicação reducionista da predominância de uma estrutura social apenas pela determinante econômica. A idéia gramsciana de hegemonia permite vislumbrar a coexistência de outras determinações como a cultura, a produção da fantasia, a arte, a religião, a filosofia e a ciência que se articulam junto à política e à economia para a produção de um pensamento determinante e dominante. E, portanto, a questão da comunicação, seus veículos e suas produções.

Assim, a partir da idéia do padrão hegemônico e da forma determinante, aporta-se aos diversos outros esquemas possíveis, que subsistem como sistemas e formas menores, produções com referencialidade numa estrutura social diferente das ordens dominantes. A visibilidade dessas forças diversas como sistemas dominados possibilita historicamente a previsão de pequenas disputas e lutas. Como estamos falando de estruturas que estão em um processo de inter-relação, essas formas tenderiam ao enfrentamento com a força dominante e poderiam, na fricção das disputas, empreender conquistas e vitórias. A luta social das diferentes configurações existentes permitiria vislumbrar sociedades mais justas no sentido da inclusão de fatores heterogêneos, e portanto, ao menos hipoteticamente, compor um cenário de coexistência pacífica entre tais estruturas.

Porém, não é exatamente o que ocorre e, no caso brasileiro, vivencia-se exatamente o contrário. Há quatro anos, ao contrário do que se esperava, as emissoras de rádio comunitárias, por exemplo, têm sido vitimadas por perseguições múltiplas. Segundo dados recentes da Federação das Emissoras de Rádios Comunitárias do Estado do Rio de Janeiro, que tem todas as multas e fechamentos cadastrados, a repressão aumentou em torno de 35% em todo o Brasil e no Rio de Janeiro é muito maior: aparecem 72 emissoras entre multadas e fechadas, em sua grande maioria.[6] Outro fa-

---

[6] Constata-se que a pluralidade de veículos parece ser mais aceitável quando se dá no nível do impresso, por razões óbvias no caso deste país, com índice de escolaridade bastante restrito.

tor que impede o florescimento atual deste meio de comunicação são as exigências para a produção de um veículo minimamente apresentável, paralelamente aos altos custos de produção.

No que tange às produções televisivas, é hoje reduzidíssima a sua incidência — muito menos que na década de 70 e meados de 80. Talvez porque a internet esteja representando um horizonte para o qual muitos dos veículos têm migrado. Há inúmeros registros desta nova incursão, em especial por parte de grupos que atuavam antes com emissoras de rádios comunitárias, mas não se dispõe ainda de um cadastro completo do processo migratório, nem mesmo dos usos que têm sido feitos.

Em síntese, exatamente por se constituírem como instâncias contra-hegemônicas comunicacionais, em direção à construção de uma nova ordem de comunicação, estes veículos encontram dificuldades operacionais.

**2. A Comunicação Comunitária atua na direção de uma estrutura polifônica.** Esta é certamente uma das características mais caras à proposta da comunicação comunitária. Isto porque o que se constata na prática é que, além de os veículos estarem vinculados a projetos bastante específicos, que por sua própria existência já engendram novas vozes no tecido social, de uma maneira bastante geral, aqueles que efetivamente se caracterizam por uma postura comunitária costumam chamar como atores sociais os mais diversificados movimentos e grupos minoritários.

Desta maneira, pode-se conceber que, a partir da comunicação comunitária, a pluralidade das vozes possa ser uma realidade. Estima-se que seja possível a inserção de grupos até então à margem do espectro da visibilidade. E os registros vão para além da inserção de novos sujeitos. Pode-se perceber o incontestável interesse pelo novo, pelo que se encontra excluído dos discursos postos em circulação pela mídia hegemônica.

A concepção da presença das várias vozes comparece à idéia da comunicação comunitária tanto teoricamente quanto na experiência prática. A pluralidade constitui uma de suas maiores bandeiras, contribuindo de maneira decisiva, não apenas para democratizar o diálogo, mas principalmente para reduzir visões preconcebidas e preconceituosas sobre os mais diversificados grupos humanos e propostas. Esta pluralidade conjuga-se de maneira bastante significativa na comunicação comunitária, tanto em produções ficcionais, como nos informativos. Muitas vezes, o formato dessas propostas padece de um didatismo acentuado; noutras, repete-se a estrutura expressiva da mídia hegemônica, só que desta vez com o objetivo da supressão de idéias excludentes.

**3. A Comunicação Comunitária produz novas formas de linguagem.**
Esta característica é das mais importantes, em função dos resultados que alcança. Todo o escopo de propostas da comunicação comunitária se substancia a partir deste pré-requisito. A geração de novas formas de expressão, de novas linguagens, projeta a produção dos veículos comunitários em uma dimensão de efetiva interferência na alteração de posturas sociais. Basta lembrar a proposta central do filósofo pragmatista americano Richard Rorty no sentido da *redescrição* do sujeito como tarefa inclusiva necessária e fundamental para a construção de novas relações entre os povos.

Rorty estabelece que esta redescrição consolida-se em dois movimentos. O primeiro é a capacidade de recontar as histórias em que os indivíduos estão inseridos, de maneira que eles possam se perceber como participantes na construção da história coletiva e, conseqüentemente, possam se qualificar como membros da comunidade atual, resultante desse processo histórico. O segundo movimento refere-se à mudança do próprio vocabulário pelo qual são expressas as histórias individuais, coletivas, passadas e presentes. Ou seja, mudar a forma como as pessoas são normal e rotineiramente descritas, usando palavras com sentido diferenciado e até mesmo criando novas expressões. Segundo Rorty, estes dois movimentos, recontar a história e redescrever a si próprio, seriam capazes de operar uma verdadeira revolução lingüístico-pragmática.

A produção dos veículos comunitários, exatamente por toda a estrutura e proposições que engendra, aproxima-se de maneira definitiva dessa perspectiva redescritiva "revolucionária", por estar mais capacitada que a mídia hegemônica para esta realização. E esta configuração se estabelece principalmente a partir da especial vivência de liberdade que esses veículos e seus atores experimentam. É certo que a experiência será tão mais rica e evidenciada quanto forem libertárias as relações do veículo, ou seja, um veículo com estreitos compromissos econômicos, financeiros ou políticos pode não se sentir livre para ampliar a sua produção discursiva.

**4. A Comunicação Comunitária capacita-se para interferir no sistema produtivo.** Esta é uma categoria que não costuma aparecer quando se faz uma referência específica ao universo da produção. Existem efetivamente duas formas de trabalho vinculadas aos veículos de comunicação comunitária. A primeira delas é não assalariada, o que significa que pode não haver algum ganho financeiro, como patrocínio, publicidade, campanhas, etc. Mas este agente normalmente é um abnegado, idealista, acredita no que produz e quer fazer o melhor. Nem sempre ele é oriundo de um curso de comunicação, mas trabalha dia e noite com afinco.

O outro agente é assalariado, mas a sua opção pelo campo comunitário já reflete o seu interesse por novos formatos de atuação comunicativa. Alguns deles, como bem se pode constatar na prática, chegam inclusive a atuar em grandes empresas de comunicação. Este tipo de profissional costuma ter formação universitária e é este hibridismo profissional que faz com que o ambiente de trabalho se torne expressivamente produtivo.

A convicção de que a comunicação comunitária possa contribuir para uma vinculação maior entre os profissionais envolvidos, independentemente de serem assalariados ou não, se funda no fato de que as relações de trabalhos e os sistemas produtivos encontram-se menos demarcados em funções específicas e preestabelecidas. O profissional sente-se responsável pelo produto final, desde a sua idealização e, da mesma maneira, integrado com os seus colegas de trabalho. E como um dos traços atuais do trabalho na área da comunicação é exatamente a "empregabilidade" em bases menos formais (com o profissional constituindo-se como pessoa jurídica e atuando como *free-lancer*), a relação com a empresa de mídia tornou-se menos estreita – e mais "horista" ou executora de tarefas. Além disso, concorre para que a vinculação seja mais intensificada na estrutura de trabalho comunitário o fato de que todo o processo da produção, desde a concepção até o produto final, se faz acompanhar de inúmeras reuniões internas e também externas, com os membros da comunidade ou seus representantes.

É possível, assim, atestar que a comunicação comunitária contribui para um resgate de aspectos pouco claros da noção genérica de "empregabilidade".

**5. A comunicação comunitária gera uma estrutura mais integrada entre consumidores e produtores de mensagens.** Esta instância corrobora todo o esquema de produção de que se falou até o momento. Ele está presente em todas as características mencionadas, enquanto dinâmica de regulação do fluxo entre produção e consumo. Nada disto é corriqueiro, quando comparado com as relações hoje vigentes na mídia. De fato, o que hoje ocorre é um distanciamento cada vez maior entre quem produz e quem consome a mercadoria midiática, seja ela ficcional ou mesmo informativa.

Este distanciamento produz uma relação em que o destinatário das mensagens se confirma como mero consumidor, sem condições de poder intervir na produção, a não ser a partir de formas plebiscitárias, como as pesquisas de mercado, cada vez mais freqüentes, principalmente em veículos digitais. Estes permanecem distanciados de uma efetiva instância de troca – aquela que não se confina à superfície de palavras intercambiadas – ainda que se aprimorem cada vez mais os sistemas técnicos de interatividade. Ser interativo é hoje ainda uma mera figura discursiva.

Na comunicação comunitária, as pautas, as decisões sobre programação, modos de abordagem e mesmo a análise crítica da produção são uma constante alimentadora de todo o processo. É impensável que um projeto de comunicação comunitário efetivo possa sobreviver abdicando de um esquema de interpenetração sociopolítica entre produtores e destinatários.

**6. A Comunicação Comunitária atua com o propósito primeiro da educação.** Sejam quais forem as vinculações de um veículo comunitário e seus projetos, a proposta de fundo sempre é de natureza educativa. A perspectiva educacional e formativa é prerrogativa primeira de um veículo comunitário e, por esta razão mesmo, sua atividade não se esgota na mera produção de mensagens noticiosas. Com bastante freqüência, constatamos que os veículos comunitários realizam atividades paralelas com vistas à consolidação deste aspecto, atuando inclusive em conjunto com a educação formal. Apesar de todo o clima persecutório no relacionamento dos governos com os veículos comunitários, em especial as emissoras de radiodifusão, o surgimento e existência desses novos veículos dão-se exatamente como uma resposta das populações à galopante ausência do Estado no quotidiano da comunidade, em especial no campo educacional.

Esta perspectiva vigora ainda hoje, talvez com menor intensidade em alguns dos veículos comunitários da atualidade, mas de maneira bastante presente e intensa em outros. Trata-se na verdade de um viés que permanece como instância definidora desde os primórdios dos veículos na América Latina, onde se destacam como marcos os trabalhos e atuações de Paulo Freire, Mario Kaplun, do Ciespal, em Quito, da UCBC (União Cristã Brasileira de Comunicação) e de diversos pensadores brasileiros, simbolizados por Luiz Beltrão, além de projetos promissores como o de "educomunicação".

Entende-se como princípio primeiro que a função educativa é obrigatoriamente inerente aos veículos de comunicação. Em segundo lugar, para o bem e para o mal, esta proposta já vem sendo realizada, uma vez que os meios de comunicação, em especial a tevê e o rádio, têm sido responsáveis pela compactação cultural das populações nas grandes cidades, difundindo normas de conduta, ao lado de uma estimulação consumista cada vez mais forte. Finalmente, em terceiro lugar, entende-se que os veículos de comunicação, em especial os pertencentes aos grandes conglomerados midiáticos, distanciam-se progressivamente da sua precípua tarefa de aprimoramento da condição humana.

Evidentemente, não se podem deixar de lado também as inúmeras tentativas dos pesquisadores oriundos do campo educacional (umas mais frutíferas que outras) de transformar os veículos de comunicação em veículos e instrumentos de educação. Mas a perspectiva que aqui se pretende inserir é a da indispensável formação das consciências para o consumo crítico de mensagens midiáticas.

7. **A Comunicação Comunitária pode engendrar novas pesquisas tecnológicas**. Em diversas partes de sua vasta obra, o geógrafo Milton Santos refere-se à capacidade do brasileiro de, frente à carência, produzir sistemas, estruturas, técnicas inovadoras e capazes de reagir aos novos cenários, que se descortinam nos territórios e espaços urbanos. É a mesma capacidade que Euclides da Cunha, em seus *Sertões*, atribuía descritivamente ao nordestino: "Antes de tudo, um forte".

O que se tem observado nas práticas quotidianas dos países latino-americanos especialmente, mas também nos demais países que compõem o bloco do chamado terceiro mundo, é que a necessidade, ou um certo estágio de carência, aliada à imaginação, tem feito com que transmissores e outros equipamentos venham sendo inventados. Na década de 60 e 70, o livro *Rádios Livres*, do professor paulista Arlindo Machado, trazia em detalhes a montagem de transmissores em singelas latas de lixo. No início do século XXI, circulou pelos quatro cantos do mundo a inovação indiana – uma "reinterpretação" – de uma cabine para acesso ao mundo digital, construída sobre uma charrete. Enfim, há um sem-número de experiências nascidas da carência sistemática. A comunicação comunitária tem sido, desde sempre, o lugar de florescimento dessas inovações.

8. **A Comunicação Comunitária como lugar propiciador de novas formas de reflexão sobre a Comunicação**. Com este item, finalizamos este breve retrospecto dos modos de permanência na atualidade desta alternativa comunicacional. Acreditamos que, no que tange à co-

municação comunitária, a Academia tem sido, ao longo das últimas décadas, o lugar propício para a reflexão, para a pesquisa e para a geração de novas práticas, a partir da interseção com os segmentos atuantes nos veículos. Mas talvez o campo teórico da comunicação comunitária tenha podido se consolidar como dos mais férteis exatamente porque a troca, o efetivo intercâmbio entre os gestores das atividades dos veículos e aqueles que manejam como ofício a reflexão, esteja sempre em estado florescente ("em estado nascente", diriam os sociólogos do quotidiano), ao contrário do que acontece em outros segmentos da comunicação (vide jornalismo, em suas variantes, ou dramaturgia, também em seu largo escopo), nos quais imperam as desconfianças e uma permanente disputa.

Na área da comunicação comunitária, os dois segmentos vulgarmente conhecidos por aqueles que fazem e aqueles que pensam funcionam em perfeita simbiose. Talvez por terem se despido da arrogância, ao perceberem que um não sobrevive sem o outro. Aqueles que detêm a prática quotidiana ouvem, procuram saber, trazem problemas, questões para serem refletidas. E aqueles da Academia precisam muito do conhecimento, da experimentação e das soluções dadas às questões quotidianas de funcionamento desses veículos.

Com isso, o que se vem observando é o surgimento de novas temáticas, de ingresso de novas demandas de pensamento. E, finalmente, o conhecimento de que embora a comunicação comunitária, com sua capacidade de engendrar novas e novíssimas temáticas, esteja para além da pura publicação dos singelos veículos, não sobrevive nem mesmo uma fração de segundo sem o vigor que eles trazem. E assim, permanentemente realimentados, o que se percebe a cada dia é a concretização de um cenário na Academia em que o número de pesquisadores, professores e alunos preocupados com temas afins à comunicação comunitária, às alternativas comunicacionais, à reconfiguração dos veículos de comunicação, cresce a olhos vistos. A comunicação comunitária tem conseguido concentrar em torno de si preocupações e temáticas destinadas a consolidar novos paradigmas e perspectivas, inclusive para o bom entendimento e operacionalidade do que significa comunidade.

Com este propósito, o século XXI ainda não havia começado e já se fazia a proposta do que se conceituou por comunidade gerativa: um conjunto de ações (norteadas pelo propósito do bem comum) passíveis de serem executadas por um grupo e/ou conjunto de cidadãos. A proposição partia da evidência de que o horizonte que caracteriza a sociedade contemporânea – a falência da "política de projetos", a descentralização do poder, a forte tônica individualista e cosmopolita – produz a busca de alternativas. E, dentre elas, a da formulação de uma política gerativa, ou seja, a ênfase nas ações práticas do quotidiano e da localidade, já que o modelo neoliberal produziu um Estado mínimo, praticamente incapaz de atuar no que até então se entendia como do âmbito de suas próprias e intransferíveis atuações, a exemplo da saúde, educação, habitação, segurança, etc.

Com a comunidade gerativa se propunha uma ação em resposta ao atomismo social e à razão instrumental que definem a política centrada no mercado e no predomínio de um Estado gerencial e burocrático. Tratava-se, portanto, de uma reinterpretação da conceituação do sociólogo alemão Ferdinand Tönnies, resgatando facetas como a vinculação social e a preocupação territorial. Estavam ainda presentes nessa proposta aspectos próprios da sociabilidade que parecem ter perdido o sentido na nova era, como cooperação, solidariedade, tolerância, fraternidade, docilidade, amizade, generosidade e caridade. E se o início deste texto foi com Mcluhan, o final também poderia ser, resgatando-se (em favor do campo da comunicação comunitária) uma das suas mais célebres concepções: o meio – comum – é a mensagem.

**Referências**

APEL, Karl-Otto. *Comunitá e comunicazione*. Trad. Roberto Salizone. Turim: Rosenberg e Sellier, 1992.

BLANCHOT, Maurice. *La communitá inconfessabile*. Milão: Feltrinelli, 1984.

CASSANO, Franco. *Approssimazione – esercizio di esperienza dell'altro*, Bologna: Mulino, 1989.

ESPOSITO, Roberto. *Communitas – origine e destino della comunitá*. Torino: Einaudi, 1998.

MACINTYRE, Alasdair. *Dopo la virtú – saggio di teoria morale*. Trad. Paola Capriolo. Milano: Feltrinelli, 1993.

MCLUHAN, Marshall. *Mcluhan por Mcluhan – conferências e entrevistas*. Rio de Janeiro: Ediouro, 2005.

PAIVA, Raquel; BARBALHO, Alexandre (orgs.). *Comunicação e cultura de minorias*. São Paulo: Paulus, 2005.

PAIVA, Raquel. *O espírito comum – comunidade, mídia, e globalismo*. 2ª. Edição. Rio de Janeiro: Mauad, 2003.

RORTY, Richard. *Contingência, Ironia e Solidariedade*. Trad. Nuno Ferreira da Fonseca. Lisboa: Ed. Presença, 1989.

SEBASTIÁN, Luis de. *La solidaridad – guardián de mi hermano*. Barcelona: Ed. Ariel, 1996.

SODRÉ, Muniz. *As estratégias sensíveis – afeto, mídia e política*. Petrópolis: Editora Vozes, 2006.

VATTIMO, Gianni. *Etica dell'interpretazione*. Torino: Rosenberg e Sellier, 1989.

WALZER, Michael. *Da Tolerância*. Trad. Almiro Piseta. São Paulo: Martins Fontes, 1999.

# REPENSANDO A CIÊNCIA PARTICIPATIVA NA PESQUISA EM COMUNICAÇÃO[1]

Denise Cogo

No artigo intitulado "Investigar lo alternativo", publicado no número 1 da *Revista Chasqui – Revista Latino- Americana de Comunicación* –, a pesquisadora argentina Maria Cristina Mata nos oferece uma síntese sobre a emergência, no âmbito da pesquisa em comunicação social, da ciência participativa em suas diferentes modalidades, especialmente a da pesquisa-ação, modalidade experimentada pela própria Mata no estudo das rádios comunitárias em países latino-americanos como Argentina e República Dominicana

Emergência que, na América Latina e no Brasil, mobiliza, a partir dos anos 70 e 80, uma fatia da comunidade acadêmica na atribuição de especificidades visando à apropriação, para a pesquisa em comunicação, de um método de abordagem, compreensão e intervenção científica e ao mesmo tempo de uma postura epistemológica que vai ter incidência nos próprios processos de institucionalização da pesquisa em comunicação no Brasil, especialmente nos contextos dos cursos de pós-graduação.[2]

---

[1] Em analogia à obra *Repensando a Pesquisa Participante*, de Carlos Rodrigues Brandão, presto um tributo ao autor que inspirou meus itinerários de pesquisadora da comunicação pela ciência participativa

[2] Sobre a convergência dessas modalidades, o antropólogo Carlos Rodrigues Brandão enfatiza que "Observação Participante, Investigação Alternativa, Auto-Senso, Pesquisa Popular, Pesquisa dos Trabalhadores, Pesquisa-Confronte. O lei-

Essa apropriação decorre, ainda, e sobretudo, do empenho crescente de um grupo de pesquisadores da comunicação na construção de objetos de pesquisa comprometidos com a realidade social e os processos de cidadania das sociedades latino-americanas e que se desenvolvem orientados a duas perspectivas: a da *comunicação popular* ou *comunitária* e a da chamada *recepção crítica* ou *leitura crítica da comunicação*.

Marcados por governos de ditaduras que, na maioria dos países latino-americanos, impunham restrições e controles aos meios de comunicação e à liberdade de expressão, os anos 70 e 80 são décadas em que se vivenciam, no Brasil, a convivência inter-relacionada de três instâncias em termos de estruturas, modelos e práticas relacionadas ao desenvolvimento dos meios de comunicação.

A primeira delas, nomeada por esse próprio pensamento científico comunicacional de *comunicação massiva* ou *meios de comunicação de massa*, faz referência às estruturas e organizações das mídias que representavam os interesses dos governos nacionais aliados aos interesses do chamado capital internacional. É dessa época o polêmico contrato da Rede Globo com o grupo norte-americano Time Life considerado ilegal pela legislação brasileira. Uma segunda instância é constituída, nessa época, pela *comunicação alternativa*, que aparece representada pela imprensa criada e gerida pelos intelectuais em resistência à ditadura, Exemplos são os jornais *Opinião*, *O Pasquim* e *Coojornal*.

E, por fim, uma terceira instância é a da *comunicação popular ou de base*, configurada por aquelas experiências e projetos de comunicação desenvolvidos no âmbito dos movimentos populares, como o movimento de mulheres, as associações de moradores, os sindicatos e as chamadas comunidades eclesiais de base. Composta por uma extensa rede de dispositivos midiáticos e comunicacionais constituída por jornais, boletins mimeografados, panfletos, cartilhas, rádios de alto-falan-

---

tor deve ter percebido que, de escrito para escrito, mudam os nomes daquilo que, na verdade, procede de origem, práticas e preocupações muito próximas e parece apontar para um mesmo horizonte". Ver BRANDÃO, Carlos Rodrigues (org.). *Pesquisa participante*. 8ª. ed. São Paulo: Brasiliense, 1990, p. 15.

tes e, posteriormente, também o videocassete, a comunicação popular abrange igualmente os chamados projetos de Leitura Crítica da Comunicação ou de Educação para a Comunicação que, na época, aparecem dinamizados, no Brasil, especialmente através da liderança da União Cristã Brasileira de Comunicação (UCBC).[3]

Em comum a essas iniciativas e projetos de comunicação popular está a convergência de esforços de grupos, comunidades, movimentos populares e, em alguns casos, intelectuais e acadêmicos no sentido de não apenas resgatarem um espaço de expressão, a exemplo da imprensa alternativa de jornais como *O Pasquim*, mas de instaurar um projeto pedagógico-político-comunicacional capaz de romper ou alterar o modelo clássico de comunicação humana em que, segundo a visão dos que faziam essa comunicação popular, se ancoravam as mídias massivas ou os meios massivos de comunicação. Ou seja, um modelo que se pautava na dissociação entre os pólos da emissão-mensagem e recepção, favorecendo assimetrias e desigualdades na apropriação dos meios e recursos comunicacionais e, conseqüentemente, um limitado acesso, protagonismo e espaço de ação e intervenção de receptores (ouvintes, leitores, telespectadores) nas estruturas e instâncias que compunham as políticas e práticas comunicacionais e midiáticas no país.

Modelo comunicacional no qual, segundo essas mesmas concepções, se fundamentava, ainda, toda uma política difusionista e desenvolvimentista de implantação de modelos políticos, econômicos, culturais e, inclusive, comunicacionais-midiáticos, geradores e reprodutores de dependência e desigualdades sociais em diferentes países latino-americanos.

A concepção de educação dialógica e libertadora proposta pelo educador brasileiro Paulo Freire como superação a um modelo de "educação bancária" e as inter-relações entre comunicação, cultura e educa-

---

[3] Com sede em São Paulo, a UCBC não apenas foi fundada como, desde sua formação, esteve constituída por acadêmicos e pesquisadores da comunicação que, oriundos de universidades como a USP, portavam, freqüentemente, diferentes experiências de engajamento em causas populares e/ou integração a organizações e movimentos sociais.

ção se constituem em princípios norteadores centrais dessas práticas com mídias populares e comunitárias e dos projetos de Leitura Crítica da Comunicação impulsionados nessas duas décadas.

"A comunicação entendida como a situação social em que as pessoas criam conhecimento juntas ao invés de transmiti-lo, dá-lo ou impô-lo [...] como uma interação entre Sujeitos iguais e criativos"[4] é uma das principais premissas da obra freireana assumida em seu sentido político e ético pelos protagonistas dos projetos de comunicação popular e de leitura crítica. Paulo Freire ajuda, ainda, a entender a comunicação popular como um *processo* e não apenas mais na perspectiva de seus *conteúdos* (transmissão de mensagens) ou *efeitos* (convencimento e persuasão).

As idéias de Paulo Freire aparecem inspirando pesquisadores latino-americanos que se tornam referências para as práticas e para a reflexão científica da comunicação popular. Mário Kaplún e Juan Diaz Bordenave tomam Paulo Freire como fonte para reconhecer no modelo educativo ou comunicativo que privilegia o processo a possibilidade de haver plena participação na comunicação. Kaplún oferece, em sua obra, uma síntese desse modelo.

"A verdadeira comunicação, dizem, não está dada por um receptor que fala e um receptor que escuta, mas por dois ou mais seres ou comunidades que intercambiam e compartilham experiências, conhecimentos, sentimentos, mesmo que seja à distância através de meios artificiais. Através desse processo de intercâmbio, os seres humanos estabelecem relações entre si e passam da existência individual isolada à existência social comunitária".[5]

---

[4] LIMA, Venício de Artur. *Comunicação e cultura: as idéias de Paulo Freire*. 2ª edição. Rio de Janeiro: Paz e Terra, 1981, p. 64-65.

[5] KAPLÚN, Mario. *Una pedagogia de la comunicación – el comunicador popular*. La Habana: Editorial Caminos, 2002, p. 58.

Se, portanto, essa comunicação de base ou popular propunha um processo de interação comunicacional baseado na ruptura dos papéis tradicionais de produtor e receptor dos meios de comunicação para a instauração de processos comunicacionais mais horizontais, dialógicos e críticos que favorecessem a reciprocidade e a relativização de assimetrias e desigualdades nos processos de apropriação e uso dos meios de comunicação na sociedade, a restituição dessa reciprocidade não poderia ser esquecida quando da transformação dessa comunicação popular em objeto de pesquisa no campo da comunicação. Não havia como ressuscitar, na construção do conhecimento científico comunicacional, "uma dicotomia que produzisse receptores, em última instância, de um conhecimento elaborado por outros acerca de sua prática"[6], conforme assinala Maria Cristina Mata na citação referida na abertura desse texto.

**A pesquisa-ação no campo da comunicação**

Mais do que a *pesquisa participante*, é a modalidade da *pesquisa-ação* que vai assumir presença mais significativa na pesquisa em comunicação nos anos 80 e 90, a partir da proposta de Michel Thiollent sintetizada na obra *Metodologia da Pesquisa-Ação*, embora autores como Carlos Rodrigues Brandão e a própria Maria Cristina Mata tenham tido igualmente presença significativa como fundamentos para a construção de propostas de pesquisa participante, pesquisa-ação e outras de suas variantes.[7]

Ao retomar as controvérsias sobre as distinções entre pesquisa participante e pesquisa-ação, Thiollent observa, por exemplo, que toda a pesquisa-ação é do tipo participativa por se pautar pela necessária participação das pessoas implicadas nos problemas investigados. No entanto, segundo o autor, tudo o que é chamado pesquisa participante não é pesquisa-ação, uma vez que pesquisa participante pressupõe, em al-

---

[6] MATA, Maria Cristina. Investigar lo alternativo. *Chasqui* – Revista Latinoamericana de Comunicación. Quito, nº 1, 1981, p. 73

[7] THIOLLENT, Michel. *Metodologia da Pesquisa-Ação*. São Paulo: Cortez, 1988.

guns casos, um tipo de pesquisa baseado numa metodologia de observação participante na qual os pesquisadores estabelecem relações comunicativas com pessoas ou grupos da situação investigada com o intuito de serem melhor aceitos.

"Para que não haja ambigüidade, uma pesquisa pode ser qualificada de pesquisa-ação quando houver realmente uma ação por parte das pessoas ou grupos implicados no problema sob observação. Além disso, é preciso que a ação seja uma ação não-trivial, o que quer dizer uma ação problemática merecendo investigação para ser elaborada e conduzida".[8]

A análise de textos e artigos publicados por pesquisadores da comunicação que assumiram a pesquisa participante como método sugere que, de certa maneira, a pesquisa-ação pode ter sido mais apropriada do que a participante, em função justamente de não deixar de fora do debate as tensões entre ciência e militância que decorrem da exigência de rigor metodológico também para as modalidades de ciência participativa.

A exemplo de outras áreas, para a pesquisa em comunicação, parece ter vigorado igualmente o alerta de Michel Thiollent de que o envolvimento com a causa popular não é inerente à pesquisa-ação e de que, internacionalmente, ela é uma proposta independente de qualquer objetivo popular. Inclusive, em certos casos, conforme também chama atenção o autor, a pesquisa-ação pode ser compatível com o positivismo e o empiricismo, especialmente no campo da pesquisa organizacional.

Desde uma perspectiva metodológica, mas também política, esse rigor não esquecido pela pesquisa-ação, através, por exemplo, do detalhamento de seus protocolos sistematizados em obras como a de Thiollent, parece ter assegurado aos pesquisadores da comunicação uma melhor fluidez para a introdução da área de um método insistentemen-

---

[8] THIOLLENT, Michel. *Metodologia da Pesquisa-Ação*. São Paulo: Cortez, 1988, p. 15. Embora proponha distinções entre as duas modalidades, Thiollent reconhece não haver unanimidade na diferenciação entre pesquisa-ação e pesquisa participante.

te colocado na fronteira com a militância. E, nesse sentido, a ocupação de uma posição diferenciada, por parte desses mesmos pesquisadores, nos embates políticos que envolvem modos de fazer ciência participativa na área da comunicação que, por sua dificuldade de consolidação como método científico com bases epistemológicas e princípios metodológicos, apontava para os riscos de conversão da ciência em um simples instrumento de ação militante ou comprometida.

Fazer pesquisa-ação parece ter sido uma opção melhor acolhida do que fazer pesquisa participante, em função igualmente da intensa circulação da obra de Michel Thiollent no contexto dos cursos de graduação e pós-graduação em comunicação, e da interlocução com o próprio autor que, oriundo da sociologia, marcou presença regular em fóruns acadêmicos de pesquisadores da comunicação, como os Ciclos promovidos pela Sociedade Brasileira de Estudos Interdisciplinares da Comunicação (Intercom) nos anos 80.[9]

Maria Cristina Mata, com sua investigação-ação sobre rádios comunitárias, e o pesquisador da USP, Carlos Eduardo Lins da Silva, com a pesquisa-ação aplicada a um estudo de recepção crítica do *Jornal Nacional* da Rede Globo entre trabalhadores em Natal (RN) e Guarujá

---

[9] Michel Thiollent é professor adjunto e pesquisador do Programa de Engenharia de Produção (em Gestão e Inovação) da Coppe/UFRJ, doutor em Sociologia pela Université René Descartes, Paris-Sorbonne V. Dentre suas obras publicadas, estão *Crítica Metodológica, Investigação e Enquete Operária*; *Metodologia da Pesquisa-Ação*; *Opinião Pública e Debates Políticos*; *Pesquisas Eleitorais em Debate na Imprensa*; *Pesquisa-Ação em Organizações*; *Extensão Universitária e Metodologia Participativa*; *Metodologia e Experiências em Projetos de Extensão*; e *Extensão Universitária: Conceitos, Métodos, Práticas*. Embora menos presente entre os pesquisadores da comunicação, outro nome de expressão da pesquisa-ação é o sociólogo colombiano Orlando Fals Borda que, entre 1970 e 1976, coordenou, em seu país, projetos de pesquisa-ação voltadas ao entendimento da situação histórica e social de grupos operários, camponeses e indígenas sujeitos ao impacto da expansão capitalista. Ver FALS BORDA, Orlando. *El problema de como investigar la realidad para transformala por la práxis*. Bogotá: Tercer Mundo editores, 1997.

(SP), são exemplos de esforços de construção de especificidades metodológica e epistemológica da pesquisa-ação no campo da pesquisa comunicacional latino-americana e brasileira.[10]

No capítulo metodológico de *Muito Além do Jardim Botânico*, obra que reúne os resultados da pesquisa, Lins e Silva traz apontamentos para a discussão dessa especificidade da pesquisa que, segundo ele, nasceu de uma demanda dos organismos que atuavam na área da comunicação nas duas comunidades pesquisadas.

"Assim, enquanto a pesquisa-ação baseada na enquete operária de Marx é relacionada fundamentalmente com os problemas de consciência de classe, esse estudo vai relacionar-se com os problemas de consciência crítica ou espírito crítico diante dos meios de comunicação, especialmente a televisão" [...] Os partidários da metodologia convencional costumam acusar os praticantes da pesquisa-ação de serem pouco científicos em seu procedimento. Por vezes, podem ter tido razão quando alguns dos pesquisadores que optaram pela pesquisa-ação, como admite o próprio Thiollent, perdem-se em ideologismos. Espero não ter incorrido no mesmo vício".[11]

Embora tenham como foco a materialidade das mídias, as perspectivas de apropriação da pesquisa-ação para o campo da comunicação midiática – do *estudo de meios de comunicação populares* e *comunitários* e a *leitura crítica de mensagens ou produtos midiáticos* – assumem igualmente uma configuração comunicacional ao adotarem, como perspectiva de compreensão e análise, a premissa de que os processos midiáticos são também e sobretudo processos comunicacionais.

---

[10] Ver SILVA, Carlos Eduardo Lins da. *Muito além do Jardim Botânico*. São Paulo: Summus, 1985. e MATA, Maria Cristina. A pesquisa-ação na construção do alternativo. In: MELO, José Marques de (coord.). *Teoria e Pesquisa em Comunicação*. São Paulo: Cortez/Intercom, 1983, p. 138-150.

[11] SILVA, Carlos Eduardo Lins da. *Muito além do Jardim Botânico*. São Paulo: Summus, 1985, p. 68 e 72.

É essa perspectiva comunicacional que parecia assegurar que, quando estudadas desde a perspectiva da pesquisa-ação, muitas das experiências e projetos de comunicação popular e leitura crítica revelavam que a inversão da propriedade e a capacitação para os usos dos meios de comunicação e a democratização do acesso e participação nos processo de produção e circulação desses meios, ou, ainda, o desenvolvimento de um senso crítico sobre as mídias massivas, não implicam necessariamente a inversão da unilateralidade e verticalidade que marca os modelos comunicacionais praticados por grupos e movimentos populares.

A partir de meados dos anos 90, quando a pesquisa-ação perde espaço na pesquisa em comunicação no Brasil, investigações sobre as mídias comunitárias seguem reafirmando que a ocupação dos espaços institucionalizados dos meios de comunicação, como é o caso dos processos de regulamentação das rádios e TVs comunitárias, intensificados no país na década de 90, não vem garantindo necessariamente a instauração de processos comunicacionais mais horizontais e/ou democráticos.

Tomada de um ângulo que não diz respeito apenas a uma presença material dos meios de comunicação ou à ênfase em sua tecnicidade, a busca de uma especificidade da pesquisa-ação e de outras modalidades de ciência participativa no campo da comunicação parece fazer referência à própria perspectiva comunicacional que busca definir um processo científico de construção de conhecimento baseado nas interações entre os sujeitos pesquisadores e sujeitos pesquisados e na interlocução ou diálogo entre saberes popular e científico no processo de investigação. Perspectiva capaz de convergir para análises que formulem referencial crítico e questionador orientado à ação e à intervenção social acerca das assimetrias, desigualdades e relações de poder que envolvem interações comunicacionais em que está implicada essa materialidade midiática traduzida por distintas práticas com os meios de comunicação populares e/ou massivos na sociedade.

Vista desde essa especificidade, diferentemente de outras áreas como a Sociologia ou a Educação, a apropriação da pesquisa-ação e das demais modalidades de pesquisa participante por pesquisadores da comunicação pode contribuir para revelar uma relação indissociável entre midiático e comunicacional quando se trata de postular a democratização da comunicação nas sociedades contemporâneas como uma das agendas prioritárias em que se articulam ciências da comunicação e sociedade. Relação entre midiático e comunicacional que alimenta, atualmente, o debate epistemológico na área da comunicação sobre o que definiria o objeto de pesquisa da comunicação: o comunicacional ou o midiático ou as intersecções entre ambos.

É no marco da interdisciplinaridade como um outro componente desse debate sobre como se constituem os objetos de pesquisa em comunicação que podemos situar, ainda, a polêmica sobre os processos de reconhecimento e legitimação de modalidades de ciência participativa no campo das ciências da comunicação.

Os principais legados da ciência participativa para a pesquisa em comunicação advêm das áreas da Antropologia, da Educação e da Sociologia. Da Antropologia, os pesquisadores da comunicação herdam o trabalho de campo como postura científica que se traduz na atitude de saída do gabinete e convivência com o universo do "outro". Da Sociologia, a principal herança deriva do teor político assumido como compromisso da ciência com a sociedade a partir de referências como a das chamadas enquetes operárias de Marx que nos foi apresentada por Michel Thiollent.[12]

Para além do "conhecer para explicar", proposto pela Antropologia, a pesquisa-ação no campo da comunicação popular se vale do legado sociológico quando pretende "compreender para servir", conforme enfatiza a síntese marxista:

> "Quando o outro se transforma em uma convivência, a relação obriga a que o pesquisador participe de sua vida, de sua cultura. Quando o outro se transforma em um compromisso, a relação obriga a que o pesquisador participante participe de sua história".[13]

---

[12] THIOLLENT, Michel. *Crítica metodológica, investigação social e enquete operária*. São Paulo: Polis, 1987.

[13] BRANDÃO, Carlos Rodrigues. *Repensando a pesquisa participante*. São Paulo: Brasiliense, 1984, p. 8.

É, ainda, da Sociologia, que procede como legado, a dimensão explicitamente pedagógica na construção de uma hegemonia ideológico-cultural das classes populares postulada pela visão gramsciana no que refere à relação entre intelectual e massas e a categoria de intelectual orgânico. E, da área da Educação, a contribuição da dialogicidade proposta por Paulo Freire que marcou o próprio campo conceitual da comunicação como interação.

Além da obra de Thiollent e das pesquisas especificamente comunicacionais de Maria Cristina Matta e Carlos Eduardo Lins e Silva e, posteriormente, de autores como Cicilia Peruzzo[14], referências oriundas da Antropologia e da Educação, através de obras como a de Carlos Rodrigues Brandão[15], constituem-se, a partir dos anos 80, nas principais fontes bibliográficas de estudantes ou pesquisadores da comunicação que desejavam assumir a perspectiva da ciência participativa e direcionar suas pesquisas para modalidades de pesquisa participantes. E, igualmente, nas principais referências indicadas nas bibliografias daquelas disciplinas dos cursos de pós-graduação em comunicação brasileiros que passaram a incorporar as modalidades de pesquisa participante em seu temário, tanto como proposição metodológica quanto como discussão epistemológica.[16]

---

[14] PERUZZO, Cicilia. *Comunicação nos movimentos populares* – a participação na construção da cidadania. Petrópolis: Vozes, 1998.

[15] BRANDÃO, Carlos Rodrigues. *Pesquisa participante*. 8ª. Ed. São Paulo: Brasiliense, 1990; *Repensando a pesquisa participante*. São Paulo: Brasiliense, 1984.

[16] Vivenciei esse tipo de abordagem, no ano de 1990, durante meu mestrado na Escola de Comunicações e Arte das USP no Tópico *Para uma história da Ciência Participativa* que integrava a ementa da disciplina *Teorias Latino-Americanas de Comunicação Social e Jornalismo I – A Crise dos Paradigmas* ministrado pela Profa. Cremilda Medina. Esse foi, aliás, o tópico que escolhi para a produção do trabalho final da disciplina e que, posteriormente, serviu de referência para a elaboração de um de meus primeiros protocolos de pesquisa participante destinado à minha dissertação de mestrado sobre rádios comunitárias defendida em 1994 na ECA-USP. Ver COGO, Denise M. *No ar... uma rádio comunitária*. São Paulo: Paulinas, 1998.

Essa apropriação institucional da ciência participativa, especialmente através da modalidade da pesquisa-ação, no contexto dos cursos de pós-graduação do país, é indicativo, ainda, de que essa opção aparece claramente vinculada ao desenvolvimento de vertentes dos estudos culturais latino-americanos, através da presença de autores como Jesus Martín-Barbero e Nestor García Canclini, além da própria Maria Cristina Mata. Introduzidos nos cursos de pós-graduação do país, nos anos 90, os estudos culturais passam a buscar legitimação no campo da pesquisa em comunicação naquilo que poderiam contribuir para a construção de modos específicos de abordagem e compreensão teórico e metodológica de nossas realidades sociais, econômicas, políticas, culturais e midiático-comunicacionais, restaurando, em certo sentido, o debate acerca do compromisso social da ciência.

Isso em um contexto de formação e desenvolvimento de cultura de pesquisa e de pós-graduação fortemente marcado por vertentes como a da sociologia norte-americana (dos surveys), da semiologia francesa e pela presença do estruturalismo lingüístico e antropológico e da análise de conteúdo, com os quais começavam a disputar espaço propostas de pesquisadores que, conforme resgata Thiollent, se deixaram contagiar, durante sua formação em países europeus como a França, por orientações metodológicas que convidavam ao diálogo entre ciência e universo popular.[17]

"Numa perspectiva crítica, a pesquisa-ação ressurgiu nos anos 60. Tivemos contato com ela na França, onde essa orientação metodológica tem sido difundida em pequenos círculos, sobretudo depois de 1968. Em particular, fazia parte das propostas de algumas "Universidades Populares" durante o verão de 1968. Essa experiência era animada por estudantes no sentido de manter as novas formas de relacionamento, des-

---

[17] A formação de pesquisadores em cursos de pós-graduação em comunicação nacionais se incrementa a partir dos anos 90, inclusive com a ampliação e descentralização da oferta de cursos que, em 1982, totalizavam cinco. Em 2006, os cursos de pós-graduação em comunicação *stricto sensu* totalizam 20.

cobertas em maio, com trabalhadores e população de bairros populares. Os estudantes eram jovens e inexperientes. Suas intenções de pesquisa diferente não foram adiante, mas isso valeu como primeira sensibilização. Algumas dessas intenções chegaram a concretização nos anos 70".[18]

A expansão da pós-graduação nacional com a formação de uma geração de pesquisadores nos cursos de mestrado e doutorado brasileiros, a constituição de uma comunidade acadêmica nacional a partir do papel desempenhado pela Sociedade Brasileira de Estudos Interdisciplinares da Comunicação (Intercom), aliada ao início da abertura política vivida pelo país em 1982, são insumos que concorrem igualmente para mobilizar a comunidade acadêmica em torno das modalidades de ciência participativa e as especificidades de sua apropriação para o campo da comunicação, não apenas como método, mas como princípio epistemológico ou alternativa a uma demanda por politizar a pesquisa em comunicação desenvolvida no âmbito dos cursos de pós-graduação.

Essa articulação entre pesquisa-ação e compromisso político da ciência assume centralidade, em 1982, quando a Intercom dedica sua reunião anual – V Ciclo de Estudos Interdisciplinares da Comunicação – ao tema "Impasses e desafios da pesquisa em comunicação". A escolha do tema é inspirada pelo contexto de abertura política que vive o Brasil e a necessidade de discussão do dimensionamento do papel do intelectual, conforme sistematiza José Marques de Melo na introdução da coletânea que reúne algumas das reflexões desse ciclo de estudos, ao constatar a exigência de superação de uma tendência majoritariamente apolítica dos estudos de comunicação e a defesa hegemônica do não-engajamento dos pesquisadores nos processos de transformação social.

"No entanto, a maior conquista da reunião anual da Intercom foi a de haver constatado a insuficiência das teorias e metodologias que até agora orientam os estudos acadêmi-

---

[18] THIOLLENT, Michel. Problemas de metodologia da pesquisa-ação. In: MELO, José Marques de (coord.). *Teoria e Pesquisa em Comunicação*. São Paulo: Cortez/Intercom, 1983, p. 130.

cos nessa área, tornando-se urgente a busca de novos parâmetros que fertilizem a sistematização da pesquisa empírica com o germe criticizante da reflexão dialética. Evidenciou-se também que essa procura de caminhos renovados para a produção do conhecimento científico na área da comunicação não pode se realizar sem que se altere profundamente a relação entre pesquisadores e pesquisados, atuando o cientista não como serviçal dos que detêm o poder, mas como servidor comprometido com as causas e os interesses das populações cujos processos de comunicação esforça-se por compreender e transformar. Isso impõe, sem dúvida alguma, a revisão do comportamento ético adotado pelos pesquisadores da comunicação, surgindo daí uma atitude mais consciente frente ao trabalho que realizam nas empresas, nas universidades, nas igrejas, nos sindicatos".[19]

**Perspectivas da ciência participativa no campo da comunicação**

Desde esse debate desencadeado, há mais de duas décadas, no âmbito da Intercom, entendo que a incorporação das modalidades de ciência participativa ao campo da pesquisa em comunicação no que elas têm de instigadoras para pensar as relações entre ciência, política e sociedade, implicou e vem implicando na instauração e no enfrentamento de um debate acadêmico em que esse trinômio – ciência, política e sociedade – tende a concorrer precariamente, ou de forma incipiente, como princípio definidor do que seriam os objetos da pesquisa em comunicação – as mídias, a comunicação ou ambos – e sobre as possibilidades de estabelecer fronteiras em torno dessas definições.

Ou, ainda, se como exigência desse trinômio a definição desses objetos comporta ou não a interdisciplinaridade. Na perspectiva de re-

---

[19] MELO, José Marques de (coord.). *Teoria e Pesquisa em Comunicação*. São Paulo: Cortez/Intercom, 1983, p. 12.

pensar essa questão, no que tem de epistemológica e política, se poderia voltar a postular o que reitera Carlos Eduardo Lins da Silva em experiência com a pesquisa-ação no estudo da recepção do *Jornal Nacional* entre trabalhadores: "Assim, os objetos de estudo deixam de ser definidos por sua relevância e passam a ser escolhidos em função da aplicabilidade ou não de determinados instrumentos".[20]

Reintroduzir esse trinômio – *ciência, política* e *sociedade* –, ou a reflexão sobre a relevância social do conhecimento que vem sendo produzido pelos pesquisadores da comunicação, ao debate sobre o que constitui os objetos de estudo da comunicação pode se constituir em uma (re) politização necessária para seguir *repensando* a pesquisa participante ou a ciência participativa em um campo de pesquisa cada vez mais institucionalizado e que se consolida, de forma crescente, no cenário de disputa por financiamentos públicos da pesquisa brasileira.

Repensar a pesquisa participante ou ciência participativa no campo da comunicação é enfrentar-se com um tempo em que a produção de conhecimento científico comunicacional aparece desafiada por agendas sociais que resultam das profundas e aceleradas (re) configurações comunicacionais e midiáticas das sociedades contemporâneas, dentre as quais destacam-se a fragmentação tecnológica com a expansão das chamadas mídias digitais como a Internet, a crescente institucionalização da comunicação comunitária e o deslocamento para o espaço das mídias de múltiplas demandas por cidadania.

Possivelmente o debate sobre o que define o campo da pesquisa em comunicação necessite ser impregnado pela chamada revolução epistemológica postulada recentemente para a universidade por Boaventura de Sousa Santos. O que o autor nomeia de revolução epistemológica tem muito a dever conceitualmente com a concepção que inspirou e segue inspirando muitas das modalidades de ciência participativa em nosso e em outros países latino-americanos e que se alinha com o que postulo como uma sensibilidade diferenciada capaz de construir estratégias de articulação entre ciência e sociedade.

---

[20] SILVA, Carlos Eduardo Lins da. *Muito Além do Jardim Botânico*. São Paulo: Summus, 1985, p. 67.

Sintetizada, ainda, por Boaventura de Sousa Santos como *ecologia de saberes,* se define como uma reorientação solidária universidade-sociedade e ao mesmo tempo como uma alternativa de resgate na confiança epistemológica na ciência.

"A ecologia dos saberes é um aprofundamento da pequisa-ação. É algo que implica uma revolução epistemológica no seio da universidade e, como tal, não pode ser decretada por lei. A reforma deve apenas criar espaços institucionais que facilitem e incentivem a sua ocorrência. A ecologia dos saberes é, por assim dizer, uma forma de extensão ao contrário, de fora da universidade para dentro da universidade. Consiste na promoção de diálogos entre o saber científico ou humanístico, que a universidade produz, e saberes leigos, populares, tradicionais, urbanos, camponeses, provindos de culturas não ocidentais (indígenas, de origem africana, oriental etc) que circulam na sociedade [...] A ecologia de saberes são conjuntos de práticas que promovem uma nova convivência ativa de saberes no pressuposto que todos eles, incluindo o saber científico, se podem enriquecer nesse diálogo. Implica uma vasta gama de ações de valorização, tanto do conhecimento científico, como de outros conhecimentos práticos, considerados úteis, cuja partilha por pesquisadores, estudantes e grupos de cidadãos serve de base à criação de comunidades epistêmicas mais amplas que convertem a universidade num espaço público de interconhecimento onde os cidadãos e os grupos sociais podem intervir sem ser exclusivamente na posição de aprendizes".[21]

---

[21] SANTOS, Boaventura de Sousa. *A universidade no século XXI.* Para uma reforma democrática e emancipatória da universidade. São Paulo: Cortez, 2004, p. 76

# Referências

BELTRÁN, Luis Ramiro. Adeus a Aristóteles: comunicação horizontal. *Comunicação e Sociedade*. São Bernardo do Campo, n° 6, p. 37-53, set. 1981.

BERGER, Christa. *A comunicação emergente: popular e/ou alternativa no Brasil*. Porto Alegre: Intercom, 1989 (relatório de pesquisa).

BERGER, Christa. Crítica, perplexa, de intervenção: a pesquisa já foi assim na América Latina. *Intexto*. Porto Alegre, n° 6, jul.-dez 1999. Disponível em: <http://www.intexto.ufrgs.br/v6n6/a-v6n6a2.html> Acesso em: 22 janeiro 2006.

BRANDÃO, Carlos Rodrigues (org.). *Pesquisa participante*. 8ª. Ed. São Paulo: Brasiliense, 1990.

BRANDÃO, Carlos Rodrigues. *Repensando a pesquisa participante*. São Paulo: Brasiliense, 1984.

COGO, Denise M. *No ar... uma rádio comunitária*. São Paulo: Paulinas, 1998.

FALS BORDA, Orlando. *El problema de como investigar la realidad para transformala por la práxis*. Bogotá: Tercer Mundo editores, 1997.

FESTA, Regina.; Silva, Carlos Eduardo (orgs). *Comunicação popular e alternativa no Brasil*. São Paulo: Paulinas, 1986.

KAPLÚN, Mario. *Una pedagogia de la comunicación* – el comunicador popular. La Habana: Editorial Caminos, 2002

LIMA, Venício de Artut. *Comunicação e cultura: as idéias de Paulo Freire*. 2ª edição. Rio de Janeiro: Paz e Terra, 1981.

MATA, Maria Cristina. Investigar lo alternativo. *Chasqui – Revista Latinoamericana de Comunicación*. Quito, n° 1, 1981, p. 72-74.

MATA, Maria Cristina. A pesquisa-ação na construção do alternativo. *In*: MELO, José Marques de (coord.). *Teoria e Pesquisa em Comunicação*. São Paulo: Cortez/Intercom, 1983, p. 138-150.

MELO, José Marques de. Comunicação: da pesquisa-denúncia à pesquisa-ação. *In*: MELO, José Marques de (coord.). *Teoria e Pesquisa em Comunicação*. São Paulo: Cortez/Intercom, 1983, p. 7-13.

PERUZZO, Cicilia. *Comunicação nos movimentos populares* – a participação na construção da cidadania Petrópolis: Vozes, 1998.

SANTOS, Boaventura de Sousa. *A universidade no século XXI*. Para uma reforma democrática e emancipatória da universidade. São Paulo: Cortez, 2004.

SILVA, Carlos Eduardo Lins da. *Muito além do Jardim Botânico*. São Paulo: Summus, 1985.

THIOLLENT, Michel. *Crítica metodológica, investigação social e enquete operária*. São Paulo: Polis, 1987.

THIOLLENT, Michel. *Metodologia da Pesquisa-Ação*. São Paulo: Cortez, 1988.

# ENTRE MITOS E DESEJOS: DESCONSTRUIR E RECONSTRUIR O DESENVOLVIMENTO, A SOCIEDADE CIVIL E A COMUNICAÇÃO COMUNITÁRIA*[1]

Gabriel Kaplún

Pensamos com palavras. Mas, também, a linguagem nos pensa. As palavras que usamos estão carregadas e nem sempre sabemos de quê. Desenvolvimento, ciência, tecnologia, sociedade civil, projetos, redes, são palavras com as quais podemos pensar algumas coisas importantes para o nosso trabalho como comunicadores no âmbito comunitário. Muitas dessas palavras têm-se tornado míticas. O mito, dizia Barthes (1957), transforma a história em natureza: faz parecer "natural" e eterno o que não é mais – nem menos – que um produto histórico concreto. O mito é uma "palavra despolitizada", que ao mesmo tempo oculta, ativamente, as relações sociais de poder. Por exemplo, entre colonizadores e colonizados, entre camponeses e latifundiários.

O mito é um roubo de linguagem que facilita um abuso ideológico. O interesse de alguns se transforma em interesse de todos, ou simplesmente "o que interessa". O gosto de alguns se transforma no bom gos-

---

* Tradução: Raquel Paiva.
[1] Uma versão deste artigo foi publicado por Cimadevilla. y Carniglia (2004) e outra apresentada na Conferencia de la International Association for Media and Communication Research (Porto Alegre, 2004). Algumas das questões trabalhadas aqui são abordadas também em Kaplún 2003c e 2005.

to, ou, simplesmente, no gosto. O desenvolvimento de alguns se transforma, simplesmente, em desenvolvimento. Tautologicamente, cada coisa define-se por si mesma: a ciência é a ciência, o desenvolvimento é o desenvolvimento e a pobreza é a pobreza. E o que é sempre foi. E sempre será. Não pode mudar: não está na *natureza* das coisas.

Para fazer possíveis mudanças, para fazê-las inclusive pensáveis, uma operação útil, necessária, é desmistificar. Historicizar outra vez as palavras, politizá-las de novo. E neste caso, especialmente com palavras-chave, como desenvolvimento ou tecnologia. Fazê-lo inclusive com alguns dos dispositivos intelectuais e organizativos que temos criado para, supostamente, tentar mudanças: sociedade civil, ONGs, projetos, redes.

## 1. Os mitos do desenvolvimento

Desde o final dos anos 60, teve início um questionamento das idéias habitualmente manejadas sobre o desenvolvimento dos países latino-americanos. Especialmente a idéia do subdesenvolvimento como uma etapa prévia ao desenvolvimento, no qual poderíamos entrar imitando o caminho seguido pelos países tidos como "desenvolvidos". As teorias da dependência propuseram que, ao contrário, nosso subdesenvolvimento era a outra cara do desenvolvimento dos países centrais. Ou, mais precisamente, o que vinha ocorrendo na América Latina era um desenvolvimento dependente, dependência marcada por relações desiguais de intercâmbio e por uma desigual distribuição internacional do trabalho na qual, sistematicamente, aos nossos países se atribuía a produção daquilo de menor valor a nível internacional, valor determinado por sua vez pelos países centrais. A ruptura dos nossos laços de dependência seria então a chave de um verdadeiro caminho de desenvolvimento para os latino-americanos (Cf., por exemplo, Cardoso e Falleto, 1969).

Para o pensamento dependentista, por outro lado, se mantinham muitos dos elementos centrais do pensamento "universal" (ocidental, seria melhor dizer) sobre o tema do desenvolvimento e do "progresso", noção tão cara à modernidade. Quebrados os laços de dependência, poderíamos então avançar até um desenvolvimento que, definitivamente, não se diferenciaria muito daquele dos países centrais. O que aconteceu nas últimas três décadas tornaria mais pessimista o diagnóstico dos dependentistas. Finda a guerra fria, os países "subdesenvolvidos" já não encontram sequer a possibilidade de

> "aproveitar de uma maneira ou outra o conflito leste-oeste e assim ter um espaço de manobra que lhes permita financiar sua inviabilidade econômica.(...) Hoje, todos estes países estão obrigados, sob a supervisão do FMI, do Banco Mundial e da OMC, a inserir-se na economia global, na qual, para sua desventura, uma grande maioria não poderá nem competir, nem resistir à concorrência e será marginalizada pelo funcionamento darwiniano da econômica global e da tecnologia" (DE RIVERO, 2001:17).

Como assinala também De Rivero, nas atuais condições parece impossível que os países "subdesenvolvidos" – ou simplesmente inviáveis, como prefere denominá-los – possam atrair os investimentos e a tecnologia necessários para transformar suas economias, dando emprego a suas populações – com tecnologia que na verdade poupa o trabalho humano – e salários que lhes permitam integrar-se como consumidoras no capitalismo global. Porém, ainda supondo que isto fosse possível, propõe-se uma pergunta ainda mais aguda:

> "Como poderiam os 500 milhões de habitantes do mundo subdesenvolvido assumir os padrões de consumo que possui hoje só um bilhão de habitantes das sociedades capitalistas avançadas, sem causar uma verdadeira catástrofe ecológica?" (DE RIVERO, 2001:20)

O que exige ser questionado então não é só o caráter dependente do nosso desenvolvimento, senão o modelo mesmo de desenvolvimento. Um desenvolvimento que, na verdade, não é capaz de defender nem respeitar a vida humana (Dussel, 1998). Porém, mais ainda parece necessário questionar a idéia de que existiria um único modelo de desenvolvimento adequado para todos e em todo lugar. É necessário então um novo debate que permita pensar as relações entre a economia e o lugar, que seja capaz de fundar-se no conhecimento local da natureza (Cf. Escobar

2000). Não apenas é necessário pensar uma relação mais harmônica entre o ser humano e a natureza: é preciso questionar a idéia de que é possível "gerenciar" da mesma maneira em qualquer parte estas relações.

Nos anos 80, o discurso desenvolvimentista tinha perdido força na América Latina. Isto não implicou, porém, uma morte da idéia de desenvolvimento, senão uma nova volta do parafuso. Ainda que o discurso pós-moderno tenha proclamado a morte das utopias e dos grandes relatos, houve um grande relato que ficou de pé durante os anos 90. Foi o "grande relato neoliberal" que contava – e ainda conta – a seguinte história simples: o livre e pleno desenvolvimento do mercado trará a felicidade para todos os homens. Se agora não somos todos felizes, é porque o mercado não é totalmente livre. A tarefa principal é eliminar todas as travas que impedem seu pleno desenvolvimento. A utopia neoliberal, a "utopia do mercado total" (Lander, 2002a), é baseada em uma série de proclamadas "verdades indiscutíveis", em uma série de mitos:

*O mito do crescimento sem fim.* Isto significa que não há limite para a exploração dos recursos da natureza e que os problemas ambientais que preocupam a humanidade serão superados com a resposta tecnológica adequada. Um mito incapaz de levar em conta que a capacidade de sobrecarga do planeta tem sido superada em muitos casos e que estamos prejudicando em ritmo crescente seu capital natural (Lander, 2002 a:6). O problema não é apenas se o modelo civilizatório é ou não desejável, mas simplesmente se é viável.

Como se vê, o mito do crescimento sem fim possui uma estreita relação com outro mito: o do desenvolvimento linear e progressivo da tecnologia. Isto supõe que, para todo problema atual (econômico, social, ambiental, etc), exista uma solução tecnológica em mãos que basta ser desenvolvida. Supõe também que existe um só caminho possível para o desenvolvimento tecnológico, que é o que impulsiona "o mercado". E, fechando o círculo, dá por terminado que é exatamente este desenvolvimento tecnológico o que impulsiona a expansão do mercado total. Assim, por exemplo, a globalização neoliberal é mostrada como o resultado inevitável do espetacular desenvolvimento da informática e das telecomunicações – e de sua conjunção com a telemática – ocorrido nos últimos anos. Trata-se de um mito, tanto que supõe que as opções tecnológicas são inexistentes ou neutras e não variadas e políticas em última instância. Esquece também que os usos dessa tecnologia são diversos e supõem sempre decisões políticas.

*O mito da natureza humana individualista e possessiva.* Quer dizer: o ser humano é um animal que sempre prioriza o seu próprio benefício e que quer possuir um número sempre crescente de bens. O mito oculta o fato de que sim, efetivamente, milhões de seres humanos parecem comportar-se hoje de acordo com este modelo, mas que sua difusão e legitimação são produtos de um longo e persistente trabalho ideológico e político que combate sistematicamente a presença prática de outros valores, tais como a solidariedade ou a vida comunitária.

*O mito de que a história universal localiza no centro a Europa — e os Estados Unidos, seu filho querido transformado em pai — e que considera o seu modelo civilizatório como a referência e o ponto de chegada para todas as culturas.* Este mito supõe que haveria sociedades mais "primitivas", cuja aspiração deve ser "chegar" à modernidade, tal como a entenderam a Europa e os Estados Unidos. Haveria então um único caminho de "desenvolvimento" e "progresso", pelo qual algumas populações vão mais à frente que outras e têm, portanto, não somente o direito, como o dever de "civilizar" as demais (cf. Dussel, 2000).

*O mito da tolerância e da diversidade.* Nas sociedades de mercado todos têm o direito de expressar livremente suas diferenças culturais e de viver do modo que desejam. Este é um dos pontos de confluência importantes entre boa parte do pensamento chamado pós-moderno e da utopia do mercado total. Na realidade, a globalização neoliberal limita fortemente as possibilidades de ser e atuar de modos realmente diversos, pela homogeneização dos modos de vida (a "macdonaldização" do mundo), porém principalmente pelo desterro sistemático a que são obrigadas concepções inteiras, modos de pensar e de ver o mundo que se consideram simplesmente fora da realidade, fora do concebível. Como o de muitos camponeses latino-americanos (mais ainda se são indígenas).

Finalmente, os mitos associados são o do "*desenvolvimento histórico espontâneo da sociedade de mercado quando não há interferências ilegítimas por parte do Estado*" e, conseqüentemente, "*o mito da diminuição do papel do Estado na sociedade contemporânea*"(Lander, 2002 a:9). Na realidade, o desenvolvimento do "mercado livre" requer uma forte imposição por parte do Estado, como sucedeu por exemplo no paradigmático caso inglês (Gray, 1998). Sem a transformação da terra comum em propriedade privada, não teria sido possível este desenvolvimento, e isto se fez graças a uma forte intervenção estatal e não por geração espontânea. Pensem no que ocorreu em muitos de nossos países latino-americanos. No caso uruguaio, por exemplo, o cerco por arame dos campos no final do século XIX requereu o impulso decisivo de uma ditadura militar. De modo similar, o "mercado livre mundial" requer para sua imposição fortes intervenções estatais interestaduais e supra-estatais, como as da Organização Mundial do Comércio (OMC), da já vigente Nafta ou da projetada Alca.

Tudo indica que só alguns Estados tenham se enfraquecido nos últimos anos: os dos países periféricos e dependentes, como os latino-americanos submetidos aos programas de ajuste estrutural impostos pelos organismos internacionais de crédito. Os dos países centrais, por outro lado, seguem sendo muito fortes e, sobretudo, têm emergido outros poderes supranacionais como estes mesmos organismos de crédito ou a OMC. E tem-se fortalecido enormemente o poder das grandes empresas transnacionais, verdadeiros Estados privados, com força para regular inúmeros aspectos da vida e dos seres humanos em todas as partes. Com isto, o que tem acontecido é que muitos temas que antes formavam parte da discussão pública nas sociedades formalmente democráticas agora operam a partir de um terreno privado e supostamente "não político": o terreno da "economia". (A noção mesmo de economia política é considerada inapropriada: a economia não é política, segundo a visão neoliberal.)

Este conjunto de mitos está na base do projeto neoliberal. Um projeto que, embora insustentável a médio prazo, logra enorme êxito para o triunfo de uma verdadeira contra-revolução global (Quijano, 2000:12) que conseguiu fazer recuarem outros modelos possíveis de sociedade e apresentar-se diante do mundo como a única forma possível de organizar a vida. Uma forma de vida em que a figura central não é o "cidadão", nem muito menos o "ser humano", e sim o "investidor" e o "consumidor". Em que a idéia de sociedade é substituída pela de mercado ou, o que é igual, em que a sociedade é vista como um mercado onde tudo se compra ou se vende.

Trata-se então de uma ideologia que tem conseguido se apresentar como leis naturais o que é de fato o desenho político do mundo. No momento em que alguns governos questionam politicamente este discurso, é preciso não esquecer que sua principal força continua sendo ideológica. O respeito temeroso com que se olha e escuta a voz dos "mercados" não tem desaparecido. Não estamos dizendo que estes mercados não existam, mas apenas recordando que são criações humanas e não forças da natureza.

## 2. Os mitos da ciência e da tecnologia

Nesta concepção de desenvolvimento e neste marco ideológico, desempenham um papel central a produção de conhecimento e sua aplicação. Quer dizer, a questão científico-tecnológica. No que se tem definido como ciência, existe pelo menos um par de problemas importantes para a discussão. Por um lado, a idéia de que "a" ciência faz esquecer a origem concreta da sua construção social. Por exemplo, a separação entre ciências naturais e sociais e o estabelecimento das diversas disciplinas em cada um destes subcampos têm origem precisa na modernidade européia e seus desenvolvimentos posteriores.

Isto é a chave, porque as disciplinas estabelecem campos delimitados para os problemas que são pensados e para aqueles que nem sequer podem ser colocados. E estabelecem também os modos "corretos" de pensar, de investigar e de criar conhecimentos. Campos e modos que excluem, por exemplo, a maior parte dos conhecimentos produzidos pelos povos originários e pelos camponeses latino-americanos. Ainda que estes conhecimentos demonstrem em muitos casos uma profunda sabedoria sobre os modos mais "racionais" de relacionar-se com a natureza. Daí que o irracional resulte muito mais da aplicação dos conhecimentos "científicos".

É que a hegemonia epistêmica destas ciências supõe a aceitação do predomínio do que se chama "razão" sobre qualquer outra forma de conhecimento. Uma razão que se autodefiniu como algo diferente e independente do corpo e do mundo (cf. Lander, 2000;15). Torna-se muito difícil admitir que "a racionalidade humana não é o que a filosofia ocidental assumiu ser" (Lakoff y Johnson, 1999:4), compreender que não é puramente literal, desincorporada e desapaixonada, que é predominante, inconsciente e metafórica e está profundamente ligada ao corpo e ao lugar em que habitamos (Lakoff y Johnson, 1998,1999). É difícil admitir que vidente, visão e vista não sejam coisas independentes (Varela *et al.*, 1997:22). Não há uma única razão universal para todo tempo e lugar, ainda que assim o pretenda a razão cartesiana, que nos legou a modernidade ocidental.

Trata-se de uma racionalidade que, pela sua própria origem eurocêntrica, excluiu da "ciência", reduzindo-os portanto a um lugar marginal, os conhecimentos de outras culturas e lugares. O colonialismo do poder europeu (Quijano, 2000) teve sua continuidade em um colonialismo do saber (Mignolo, 2000). Os conhecimentos dos povos originários latino-americanos e, em geral, das "massas incultas" são considerados como "sabedoria popular", porém nunca ciência.

Entretanto, esses conhecimentos tradicionais e populares são cada vez mais objeto de estudo das ciências autorizadas, que em muitos casos terminam "devolvendo-os" à sociedade, agora sim, como conhecimentos "verdadeiros". Nestes últimos anos, isso se consolidou como um rentável negócio através das regulamentações internacionais de propriedade intelectual, que impulsionam organismos como a Organização Mundial do Comércio. A apropriação privada de antigos saberes comunitários locais faz com que paguemos um preço alto pelas suas versões massivas e irracionalmente (validando o paradoxo) impostas a nível global, como as sementes e medicamentos (Lander, 2002b). As patentes, propriedades agora das empresas, privatizam um saber que era produzido coletivamente e utilizado comunitariamente.

A relação entre esta ciência e suas aplicações é um assunto decisivo. E aqui entramos no terreno do tecnológico e de sua "transferência", palavra que deixa claro a separação entre o dono do conhecimento e aquele que o recebe e pode apenas utilizá-lo. Um conceito certamente muito diferente dos projetos de desenvolvimento rural. Como a proposta de Santos (1996), o conhecimento chamado científico está associado a um tipo de aplicação chamada "técnica". A aplicação técnica da ciência supõe que:

"1. quem aplica o conhecimento está fora da situação existencial na qual incide a aplicação e não é afetado por ela.

2. existe uma separação entre fins e meios. Os fins pressupõem serem definidos e a aplicação incide sobre os meios.

3. Não existe mediação deliberativa entre o universal e o particular. A aplicação procede por demonstrações necessárias, que dispensam a argumentação.

4. A aplicação assume como única a definição da realidade dada pelo grupo dominante. Escamoteia os eventuais conflitos e silencia sobre as definições alternativas.

5. A aplicação de *know-how* técnico torna dispensável, e até absurda, qualquer discussão sobre *know-how* ético. A naturalização técnica das relações sociais obscurece e reforça os desequilíbrios de poder que as constituem.

6. A aplicação é unívoca, e seu pensamento é unidimensional. Os saberes locais são recusados ou são funcionalizados e, sempre, tendo sempre em vista a diminuição das resistências ao desenraizamento da aplicação.

7. Os custos da aplicação são sempre inferiores aos benefícios e uns e outros são avaliados quantitativamente à luz dos efeitos imediatos do grupo que promove a aplicação. Quanto mais fechado o horizonte contabilístico, tanto mais evidentes os fins e mais disponíveis os meios" (Santos, 1996: 19).

Na base deste modelo, está a idéia de que é possível converter todos os problemas sociais e políticos em problemas técnicos e de gestão. A tecnocracia e a sociedade empresarial (Aubert e de Gaulejac, 1993; Kaplún, 2001) são seu ideal. Na América Latina, os resultados em matéria de destruição social, cultural e ambiental deveriam ao menos produzir reflexões, antes de se insistir na sua adoção acrítica.

Vale a pena recordar também a crítica que já Paulo Freire fazia ao modelo de transferência tecnológica, em seu ensaio sobre as experiências extensionistas rurais. A extensão, propunha Freire, reflete geralmente a pretensão de "estender" as qualidades da instituição da ciência, consideradas superiores, a sujeitos que não as têm, substituindo seus conhecimentos "vulgares" pelos outros "corretos". Substituir uma forma de conhecimento não-científico por outra considerada melhor, o conhecimento científico (Freire, 1991: 24-27). O equívoco gnosiológico da "extensão" parte da base de que os conhecimentos dos camponeses, associados à sua ação cotidiana em sua realidade concreta, devem ser substituídos por outros, aqueles que o extensionista traz, provenientes de um conhecimento científico universal, elaborado em outro lugar: a academia, a universalidade, a ciência. A extensão não propõe um diálogo entre essas duas formas de conhecimento, mas a imposição de uma sobre a outra. Para Freire (1991:21) o extensionismo é um processo de invasão cultural. E já desde o título propõe outra forma de pensar a relação entre técnicos e camponeses: *Extensão ou comunicação?* A extensão como invasão cultural parte de uma teoria da ação baseada no antidialogismo (Freire, 1991:41); é necessário apelar para uma teoria da ação baseada no dialogismo, no diálogo entre saberes diferentes.

A partir deste diálogo, é possível, por exemplo, pensar, ainda em um contexto globalizado como o atual, modelos locais de "desenvolvimento" ou de vida, simplesmente. Por exemplo, entendendo a resistência de muitos camponeses latino-americanos ao modelo dominante do mercado, quando optam sempre que podem por uma economia de subsistência (Escobar, 1998). Entendendo aquela comunidade quéchua boliviana que dizia para um grupo de técnicos que vinha apresentar um grande projeto para sua área: "Paizinhos, por favor: não nos desenvolvam". Entendendo a preocupação do movimento indígena equatoriano em construir "tecnociências com consciência" (Macas e Garcia, 2002).

Claro que os modelos locais nunca aparecem puros, e sim mesclados com os dominantes e absorvidos em certa medida por eles. Porém, frente ao manejo da economia por certos técnicos, é necessário fazer voltarem às práticas quotidianas da gente e suas construções locais, que tanto constituem a vida e a história de um povo, as condições da mudança e para a mudança. Trata-se, enfim, de constituir os sujeitos locais subalternos em sua comunidade como "modelares", capazes de compreender sua própria experiência histórica e definir seu próprio modelo (Escobar, 1998).

## 3. As ONGs: os mitos da participação e da sociedade civil

Agora quero analisar alguns dos dispositivos conceituais e organizacionais pensados para modificar a realidade social. Em primeiro lugar, a idéia das ONGs e seu estreito vínculo com isso que se tem chamado sociedade civil. O termo ONG é bastante novo: foi definido nos anos 80 pelas Nações Unidas para legitimar como interlocutores uma série de organizações distintas dos governos no debate de diversos temas da agenda mundial: desde os direitos humanos até a questão ambiental ou o "desenvolvimento". O nome terminou por generalizar-se, referido a um conjunto enorme de instituições que tinham histórias e que têm trajetórias e objetivos diferentes.

Por exemplo, existe um conjunto de instituições surgidas nos anos 60 que retomam a tradição das organizações filantrópicas, porém dão um novo vôo a partir das propostas desenvolvimentistas da Aliança para o Progresso. No começo dos anos 70, no Peru, um lúcido livro sintetizava esse momento com o título *De invasores a invadidos* (Riofrio et al., 1973). Dizia que naqueles bairros que haviam surgido por invasão agora apareciam novos invasores: um conjunto de instituições de "promoção do desenvolvimento". Esta invasão estava determinada na estratégia do controle e contenção social, impulsionada pelos Estados Unidos em uma época em que a revolução cubana, para muitos latino-americanos, era uma via de saída possível. Estes tipos de organizações tiveram logo diversas evoluções. O chamado "desenvolvimento da comunidade", por um lado, e a reconceitualização do trabalho social, por outro, levaram a que muitas dessas instituições afiliadas ao desenvolvimentismo se questionassem sobre o seu papel e o reformulassem em um sentido mais crítico (cf. Nuñez, 1985).

Houve outro tipo de organização, nos anos 70 e 80, criado ou apropriado por militantes da esquerda que, na época das ditaduras militares latino-americanas, encontraram nessas organizações um lugar onde continuar "fazendo algo". O mesmo ocorreu com muitos acadêmicos retirados dos seus postos universitários neste período, porém estes últimos criaram principalmente centros de investigação. No primeiro caso, houve uma passagem de muitos deles do pensamento leninista ao pensamento de Gramsci e se autodefiniram como intelectuais orgânicos – orgânicos aos movimentos populares. Neste marco encontramos as ONGs da chamada corrente da educação popular, que se autodenominaram como apoios aos movimentos populares (cf. Kaplún, 2003a). Muitas delas incorporaram com força a dimensão comunicacional ao seu trabalho e algumas se especializaram nesta dimensão, geralmente com o rótulo da comunicação popular.

Muitos começaram a visualizar este tipo de instituições como um espaço potencialmente articulador de diálogos entre movimentos sociais novos e tradicionais, entre atores locais e nacionais, etc. Um espaço articulador que começava a nomear-se como sociedade civil, um conceito que em parte vinha de Gramsci, porém, como veremos, se prestava a várias acepções. Entretanto, esta potencialidade articuladora estava longe de cumprir-se em muitos casos. Existem ainda aqueles que dizem, por exemplo, que as ONGs

> "não cumprem este papel articulador para o qual potencialmente estão capacitadas, porque são respostas cegas a angústias sentidas ou estratégias de sobrevivência de intelectuais afastados pela crise econômica ou pelos mecanismos repressivos. Não cumprem com seu papel articulador porque para poder sobreviver devem ajustar-se às prioridades de ação fixadas pelas agências, freqüentemente ONGs do norte, em vez de responder às necessidades mais urgentes detectadas em seu próprio meio. A relação entre ONGs do norte e do sul reproduz os vícios das antigas relações bilaterais, inspiradas no princípio 'os do norte pensando pela ação do sul', com o agravante de que, pela capacidade de penetração que têm as ONGs, seus efeitos calam muito mais fundo a nível local, têm mais capacidade destrutiva e construtiva que o próprio Estado" (MAX NEEF, 1990).

O tema do Estado é precisamente um dos eixos que redefinem o papel das ONGs. Durante as ditaduras militares, obviamente estes tipos de instituições haviam estado muito exiladas do Estado – e o Estado delas. Passados os governos militares, entre meados e fins dos 80, ao mesmo tempo que minguam os financiamentos externos que as sustentavam, muitas iniciam uma crescente relação com o Estado. Tanto que o termo ONG, que por esse tempo começava a utilizar-se, adquire um particular sentido para muitas delas: trata-se de organizações que suprem o Estado, que fazem o que este deixou de fazer, não quer continuar fazendo ou nunca quis, porém se supõe que deveria fazer. A ação das ONGs pode se fazer agora muito mais com financiamento direto ou indireto do próprio Estado, e já não só das ONGs do hemisfério norte (muitas das quais canalizam recursos dos seus próprios estados).

O fato de que as ONGs assumam muitas tarefas antes reservadas ao Estado tem origem, sobretudo, no movimento do próprio Estado, que procura transferir a outros atores boa parte da sua ação. Por exemplo, através de processos de descentralização (transferência de atividades até âmbitos locais) ou desinstitucionalização (transferência até a sociedade de tarefas de proteção a velhos, crianças ou enfermos, por exemplo). Este tipo de processo pode ter duas origens e dois signos bem diferentes, ainda que se confundam na prática. Por um lado, pode tomar parte na tendência privatista e neoliberal que propõe reduzir os Estados. Por outro, pode ser parte da tendência democratizante das esquerdas emergentes, que buscam fazer crescer o poder da sociedade. O problema é que muitas ferramentas de ação se parecem tanto que custa distinguir quando se trata de um ou de outro caso. Um indicador possível – ainda que nem sempre suficiente – é analisar de onde provém o movimento: se da própria sociedade que reclama mais poder ou do Estado que, por sua vez, quer desembaraçar-se dos problemas, transferindo, por exemplo, aos pobres a responsabilidade de solucionar sua pobreza.

É nesta discussão que palavras como sociedade civil, cidadania, participação (e todos os seus derivados: participativo, etc), começam a ser terreno de disputa. As mesmas palavras podem então tomar parte em projetos muito diferentes e inclusive contrapostos: os projetos de cunho neoliberal e os da democracia participativa (cf. Dagnino, 2003).

Ainda que o conceito de sociedade civil tenha uma história ampla na América Latina, seu uso se generaliza desde começos dos anos 80 no marco da recuperação do pensamento gramsciano. Por essa mesma época, é possível encontrar processos similares em outras partes do mundo, por exemplo, nos movimentos democráticos na Europa do leste. O comum a processos tão diferentes era o protagonismo assumido por – ou atribuído a – diversos atores sociais "não-políticos" nos sentidos partidário e estatal do termo. Neste momento há, por exemplo, uma forte ênfase no que se chamou de os "novos movimentos sociais".

Nos anos 90, se produz um deslizamento do termo até o que poderíamos chamar de "ongização" da sociedade civil, no duplo sentido de entender as "organizações da sociedade civil" quase exclusivamente como ONGs e, por outro lado, levar a converterem-se em ONGs diversas organizações sociais. Um verdadeiro processo de "civilização da sociedade civil" (Benessahie, 2003). Neste processo desempenham um papel decisivo as agências financiadoras e especialmente os bancos multilaterais de desenvolvimento (BID e Banco Mundial), que propõem a denominação sociedade civil e a idéia de "fortalecimento da sociedade civil" às ONGs, com as quais começam a relacionar-se neste momento, como um modo de incorporar elementos de participação social aos seus programas. Participação que, como se irá ver, pode ser mais limitada e "ritual" e que, tanto no caso dos bancos quanto das outras agências financiadoras, se estabelece a partir de uma mudança de delimitação das agendas, impondo, de fato, as prioridades dos atores globais sobre as dos locais (cf. Tussie, 1997; Mato, 2003).

A mais recente denominação de "terceiro setor" – terceiro no sentido de diferente do mercado e do Estado – avança outro passo na mesma direção. Apresenta-se assim como um "setor" – homogêneo ao menos em seu papel social e político – "do mundo associativo e de ação voluntária" (Roitter, 2003). Este setor privado com interesse pelo público passa a ter um papel central nos esforços para envolver a sociedade tanto nos megaprojetos financiados pelos bancos multilaterais de desenvolvimento quanto nos programas compensatórios que buscam reduzir os efeitos dos programas de ajuste neoliberais.

Porém, ao mesmo tempo, esta nova moda da sociedade civil tem impulsionado o estabelecimento de redes e vínculos antes inexistentes ou débeis dentro do próprio mundo associativo. Proliferam então iniciativas conjuntas, financiamentos compartilhados, programas comuns, espaços de encontro e reflexão coletivos. Estas redes e espaços de encontro podem revelar novamente a heterogeneidade, porém também permitem construir alianças mais coerentes e reintroduzir sentidos mais críticos na ação. O sentido da "participação" e do próprio termo "sociedade civil" entra em discussão. Nessa direção, resulta especialmente útil recuperar o sentido gramsciano do termo, incorporando à discussão contribuições mais recentes sobre o problema da construção da hegemonia, que estava na sua raiz (cf. Laclau e Mouffe, 1987). Trata-se de recuperar ou potencializar a capacidade de agenciamento das ONGs a partir do reconhecimento de seus limites, porém é uma discussão que transcende amplamente o campo das ONGs e que deve incluir os "novos" e "velhos " movimentos sociais. Deve igualmente incluir discussões explícitas sobre o Estado e o mercado.

### 4. A lógica dos projetos: o mito da eficiência técnica

Há alguns anos, eu tive que participar de um evento no qual estava colocada a seguinte questão: "ONGs: lógica social ou lógica de mercado?"[2] Diante desta pergunta, preferi responder da seguinte maneira: "Lógica dos projetos". A este respeito vale a pena citar um texto muito interessante:

> "Um projeto é algo estruturalmente similar a um conto de fadas. A Gata Borralheira tem problemas, fica órfã e é adotada por uma madrasta perversa com filhas feias e infames. A Gata Borralheira tem amigos humildes e simpáticos, passarinhos e ratos. A Gata Borralheira quer ir ao baile e não pode. Vem a fada madrinha e facilita as gestões, lhe dá recursos. A Gata Borralheira vai ao baile, o príncipe se enamora dela e ainda que surjam novos problemas, no final se casam e são felizes para sempre e os passarinhos cantam e os ratinhos dançam...
> 
> Os projetos têm algo parecido. Problemas terríveis perseguem as pessoas lindas, honestas e humildes. Alguns amigos desses despossuídos querem ajudá-los, porém não podem, não têm como. Vem um funcionário internacional e descobre a solução: com sua magia para conseguir recursos, resolve tudo. As ONGs são algo assim como os passarinhos e os ratinhos

---

[2] Por ocasião da Semana del Comunicador, na Universidad Nacional de Córdoba (agosto 2000).

que tratam de ajudar aos humildes e simpáticos a serem felizes e a fada madrinha a realizar seus nobres objetivos. Os contos de fadas são os projetos. A Gata Borralheira representa os pobres e beneficiários. A fada madrinha é o funcionário do organismo financiador. Os ratinhos são as ONGs. A carruagem voadora são os recursos financeiros. O casamento com o príncipe é o desenvolvimento sustentável... A diferença é que no mundo real os ratinhos e os passarinhos são os únicos que se casam com o príncipe, e são as ONGs as que alcançam seu próprio desenvolvimento auto-sustentável" (LOFREDO, 1991).

Nós, que temos trabalhado em projetos de desenvolvimento nas ONGs, sabemos que esta ironia, ainda que doída, revela algumas verdades. A elaboração de um projeto pode partir de diagnósticos dos quais dificilmente participam os "beneficiários" e se transformam em um documento adaptado aos requerimentos do financiador, que pode impor sua própria agenda temática. Essa agenda pode incluir temas politicamente muito corretos, porém às vezes pouco têm a ver com o que preocupava os beneficiários, desde o ecológico às questões de gênero. Com freqüência, o documento resultante passa ainda por vários filtros e traduções entre as ONGs financiadoras do norte ou dos organismos multilaterais de crédito, que podem inclusive modificá-lo ou parcelar para fazê-lo financiável. O dinheiro pode chegar muito tempo depois do pedido original, quando aqueles "beneficiários" e seus problemas tenham modificado bastante, assim como a própria ONG. A colocação em prática do projeto finalmente pode ser muito diferente do que tenha sido supostamente aprovado, ainda que um informe habilidoso saiba dissimular as diferenças e dar por cumpridos os objetivos ou alcançados os impactos.

Muito mais que a questão dos financiamentos, a lógica dos projetos tem se imposto na maior parte como uma lógica iniludível para garantir eficácia e eficiência. Isto em si mesmo pode ser muito duvidoso. Como assinala Pierre Calame com as enormes mudanças ocorridas na agricultura francesa no pós-guerra, por exemplo, que não foram produto de qualquer projeto.

"Por que então tanta insistência nos 'projetos de cooperação' e ajuda pública quando é evidente que mil projetos de desenvolvimento solidário não farão nunca um desenvolvimento solidário? (...) Falemos em voz alta: a noção de 'projeto' não existe na natureza! Não é um elemento constitutivo "natural" da evolução dos sistemas bio-sócio-técnicos, senão o produto de uma lógica institucional. Desde o momento em que o Banco Mundial concede empréstimos, as ONGs de desenvolvimento fazem doações e recorrem para isto à generosidade do público e às parcerias de financiamento do Estado ou da Comunidade Européia, é preciso determinar um objeto fechado cujos contornos do tempo e do espaço se delimitaram e para o qual produzem critérios de receptividade e escolha e se definam princípios de avaliação. O projeto é uma necessidade para quem financia, não para aquele que recebe.(...) Penso freqüentemente nisto quando recebo na Fundação[3] projetos de desenvolvimento rural integrado, apresentados por associações camponesas da África. O modelo, os termos, os argumentos, estão completamente modelados pelas necessidades internas às lógicas institucionais das entidades que os financiariam. Na Índia, associações de intelectuais desempregados chegaram a criar inclusive sociedades de serviços para os movimentos populares dos países do sul para "levar seus projetos", retendo uma comissão de 20% (...)" (CALAME, 1994:155-156).

"As pessoas têm problemas e o Estado tem programas", fala-se muito. Poderíamos complementar: e as ONGs têm projetos. Projetos e programas podem proceder por parcelamento da realidade: um programa ou projeto para velhos, outro para jovens, um de saúde, outro de habitação.... Na vida quotidiana. as pessoas convivem com velhos e jovens, problemas de saúde e habitação. Costuma-se recorrer às distintas agências segundo o problema/necessidade, segundo a idade ou o lugar em que se vive. Imediatamente, aparece um projeto e pode-se resolver uma

---

[3] La Fundación para el Progreso del Hombre (França), que o próprio Calame preside.

"necessidade insatisfeita". Quando o projeto é concluído, volta-se à nossa insatisfação anterior, porém talvez apareça outro projeto, que possa resolver outra coisa pelo menos.

Às vezes, há vários projetos funcionando juntos na mesma zona e então cada um realiza seu diagnóstico desde o começo, sua avaliação de resultados e impactos. Uns fazem pesquisas e outros, mais participativos, fazem oficina. Um dia, o vizinho se cansa de que o pesquisem tanto: primeiro sobre os velhos, depois sobre as crianças, mais tarde sobre habitação e outro dia sobre saúde. E no final põe um cartaz na sua casa: "Pesquisas: 10 reais".[4]

Por trás da lógica dos projetos, está a lógica do planejamento. O problema desta lógica é, para mim, ter-se generalizado como uma lógica única e universal. O planejamento e toda a engenharia de técnicas sociais impõem-se como um modo de pressão para a adoção de um certo tipo de racionalidade instrumental, que estabelece certo tipo de conexões entre meios e fins. Planejar pode ser, assim, um modo de aplanar: aplanar as diferenças e conflitos, aplanar as complexidades e processos para fazê-los mais manejáveis. Quando esta engenharia se expande no campo especificamente comunicacional, converte-se em coisas como o marketing social: a mudança pode vender-se como um produto a mais.

## 5. Alternativas para o planejamento e planejamento alternativo

Tudo o que foi antes tratado levaria a descartar a idéia do planejamento como uma atividade valiosa e útil? Considero que não. Planejar não só não é ruim: é algo que de fato todos fazemos na vida quotidiana e na ação social. O problema é como. O problema é que é necessário entender o que significa planejamento.

Não existe um, e sim muitos modos de entender o planejamento. Para encaminhar a discussão em torno desses diferentes modos, pode

---

[4] Segundo contam, em um bairro em Montevidéu, onde proliferam projetos e programas diversos. Não sei se a anedota é justa, porém creio ser apropriada.

ser útil situá-los em relação a dois eixos. Em um eixo, localizamos as posturas opostas em torno das concepções de realidade e racionalidade manejadas. Do outro lado, a crença em que a realidade é relativamente simples e controlável e que um esforço racionalmente suficiente permite prever tudo o que pode acontecer, bem como as conseqüências de qualquer ação para mudar ou manter as coisas como estão. No outro extremo, a convicção de que a realidade é essencialmente complexa e pouco previsível e que, por isso mesmo, o essencial é aprender continuamente para adaptar-se ativamente à realidade e transformá-la a cada vez.

No primeiro caso: uma previsão a mais antecipada possível sobre o que deve ser feito e o que se fará, corrigindo-se os eventuais desvios quando necessário. No segundo: prefere-se um planejamento contínuo, quase quotidiano, sem deixar de se ter em vista uma orientação geral, ou seja, o resultado de uma apreensão a partir da própria prática de transformação, analisando os obstáculos e as oportunidades intermediárias, que combinem aspectos de uma e outra maneira de entender o planejamento.

No outro eixo, colocamos também duas posturas extremas. Uma que entende que o planejamento é tarefa de especialistas, técnicos, que manejam adequadamente os conhecimentos e ferramentas do campo específico, quer se trate do econômico ou do social, agrícola, etc. Isto asseguraria a qualidade e viabilidade técnica do planejamento, a perfeição do desejo. No outro extremo, uma postura que entende que, para se obter êxito, um bom planejamento deve partir e ser realizado diretamente por aqueles que vão ser afetados, para o bem ou para o mal, pelo que se deseja fazer. Porque eles conhecem diretamente muitos dos problemas em jogo, sabem muito do que se pode fazer para resolvê-los. E principalmente porque sem eles não é possível resolver seriamente esses problemas: o plano que se lhes impõe é vivido como algo externo, que se realiza sem convicção, com o fracasso sendo quase uma certeza. Aqui, a preocupação está mais concentrada na viabilidade social e política. Também entre essas duas posturas extremas é possível encontrar uma gama de combinações e possibilidades intermediárias.

O planejamento "clássico" ou "racional compreensivo" (Middleton, 1986) localiza-se no ângulo do controle técnico alto e na participação social baixa. O planejamento distributivo, que é o executado pelos Estados quando elaboram seus orçamentos, está submetido a múltiplas pressões e discussões políticas. O enfoque inovador propõe que, como não se pode mudar tudo de uma vez em uma organização ou em uma comunidade, pode ser útil introduzir uma inovação concreta num lugar que seja capaz de provocar e potencializar outros processos de mudança. O planejamento negociado busca envolver os diversos atores na discussão, porém mantém as decisões nas mãos dos planejadores. São as que são adotadas em alguns municípios para fazer planos de desenvolvimento urbano, por exemplo.

Vamos finalmente ao planejamento participativo, idéia muito na moda atualmente. Não é simples saber como encarar o planejamento desde os enfoques participativos. Porque não é fácil saber como envolver realmente os atores em jogo, que quase nunca podem nem querem participar totalmente de tudo. Porque não é fácil saber como assegurar viabilidade técnica sem terminar impondo racionalidades externas. Tampouco é fácil saber como movimentar-se no eixo dos processos: alguns manuais de planejamento participativo em comunicação, por exemplo, parecem agregar participação à lógica clássica, porém mantendo a idéia do plano fechado a longo prazo. As complexidades das técnicas propostas fazem com que pareça difícil envolver realmente no planejamento os cidadãos mais simples. Creio que nos falta construir ferramentas teóricas e metodológicas mais sólidas para poder fazer dos processos de planejamento participativo algo simultaneamente mais eficiente e democrático.

Pessoalmente, nesta busca tenho construído algumas ferramentas conceituais, que sinteticamente aponto. A primeira foi pensada para projetos de intervenção em uma comunidade, um grupo ou uma organização vindos desde fora. É o que pode acontecer com os técnicos de qualquer área em seu trabalho com comunidades rurais ou urbanas.

Habitualmente, partimos de problemas e/ou necessidades na hora de diagnosticar. Porém, o ponto de partida de uma ação é quase sempre um desejo. Ou deveria sê-lo. Na realidade, um problema e uma necessidade são também desejos. Quando alguém diz "aqui o que necessitamos é água; o principal problema é a falta de água", provavelmente está dizendo: "Eu quero que haja água, para mim isto é o mais importante; este é o meu desejo mais forte". Porém, se alguém diz "não, aqui o que faz falta é um campo de futebol", está dizendo que esse é um desejo prioritário para ele, uma "necessidade". Talvez esteja mesmo dizendo que o campo pode ser um ponto de encontro que permita gerar outros, que a partir dele possa ser possível lutar por água e outras coisas.

Seguindo Max Neff (1993), podemos ser mais precisos. Talvez o que se esteja priorizando não seja a água (que de alguma maneira se vai conseguir, ainda que seja escassa ou de má qualidade), e sim um tipo de *satisfator* específico para a necessidade da água: por exemplo, encanamentos, que levam a água até uma área, torneiras de uso comunitário, etc. Distinguir entre necessidade e *satisfator* ajuda a entender por que algo que é "necessário" para uns não o é para outros. Ainda que a necessidade seja "universal", os modos de satisfazê-la variam em cada tempo, lugar e cultura. Também é possível compreender, por exemplo, que a luta para fazer chegar o encanamento até uma determinada zona ou o trabalho coletivo para construir o campo pode implicar dois *satisfatores* para a mesma necessidade: a necessidade de participação social, a necessidade de estabelecer ou restabelecer vínculos na comunidade e constituir-se ou reconstituir-se como ator social, como sujeito coletivo com capacidade de atuar e decidir. Com capacidade para "planejar seus sonhos" (Núnez, 1998).

Também as necessidades e problemas de comunicação podem confundir-se facilmente com *satisfatores* desta necessidade. Pessoalmente, entendo por comunicação duas coisas entrelaçadas: vínculos e sentidos. Quando uma pessoa, uma organização, uma comunidade, dizem ter problemas ou necessidades de comunicação, referem-se a uma das duas coisas ou, com mais freqüência, a ambas. Ou seja: a necessidade/dificuldade para estabelecer ou restabelecer vínculos (entre eles, com os outros) e a necessidade/dificuldade para produzir e fazer circular sentidos (entre eles, com os outros).

Assim compreendido, um periódico, um vídeo, uma rádio, uma campanha, não são necessidades, senão possíveis *satisfatores* de necessidades de comunicação. Talvez uma análise mais detida permita entender melhor qual é ou quais são os problemas ou necessidades em jogo e qual o melhor modo de encará-los coletivamente. E descobrir que aqueles *satisfatores* talvez só aparentem resolver a necessidade ou o problema, porém o fazem de um modo tão superficial que a necessidade segue insatisfeita: os vínculos seguem quebrados ou nunca foram criados, os sentidos continuam sem se produzir ou sem serem compartilhados.

Quando muitos coincidem no desejo de um mesmo *satisfator,* esse desejo pode ser um mobilizador grupal, organizacional ou comunitário. Outras vezes, é apenas o desejo de alguns. Seja como for, do desejo de muitos ou de poucos, pode surgir um pedido a alguém de fora da organização ou da comunidade. Esta pode ser a origem da intervenção de um técnico, de uma organização governamental ou não-governamental. Porém, por trás deste pedido explícito, será necessário rastrear e processar com as pessoas a demanda implícita. Por exemplo, entendendo qual é a necessidade profunda a que pretende responder o *satisfator* que se propõe e para o qual se pede apoio. Ele pode levar inclusive ao questionamento do pedido e à proposta de reformulá-lo.

Na hora de encarar o pedido explícito e a demanda implícita, podemos aceitar o encargo que nos fazem e cumpri-lo ou gerar um projeto compartilhado, com uma construção coletiva na qual se envolve tanto a organização ou comunidade quanto os técnicos que vêm de fora. Desta maneira, será possível que se criem ações que transcendam o projeto pontual e possam se inserir em um processo coletivo mais amplo e permanente da organização ou da comunidade. Um projeto capaz de mobilizar um desejo coletivo e convertido em ação, fortalecendo um processo social autônomo. Isto é difícil, porém é um horizonte a ser pensado. Difícil porque os processos sociais são complexos, porém também porque os "projetos" dos técnicos introduzem tecnologias que podem ter pouca conexão com esses processos. Pensar a partir dos desejos, e não apenas das necessidades, pode ajudar a construir uma lógica comum.

Uma segunda ferramenta conceitual que quero compartilhar foi pensada para ajudar a planejar ações específicas da comunicação, tais como campanhas, materiais, programas, convocatórias e mensagens em geral. Uma proposta que pode ser uma alternativa para a crescente moda do marketing social ao apontar para a participação dos sentidos. Participação na hora de planejar: a ferramenta conceitual procura ser suficientemente simples, de maneira a poder ser manejada por pessoas sem formação específica na comunicação e sem muitos anos de educação formal, sem contudo perder a complexidade. Também se busca envolver os outros (da organização, da comunidade) na própria ação comunicacional. Os outros não são tomados por pessoas para as quais se devem comunicar as coisas, com o objetivo de obter determinadas condutas, verificadas mediante o *feedback*, e sim pessoas de cujos desejos e interesses se parte (pré-alimentação) e que se quer envolver na ação comunicacional. Uma participação na qual se aspira ao envolvimento total, de modo que os receptores ou destinatários convertam-se em emissores, em interlocutores, em atores de um processo compartilhado de comunicação.

São três os eixos centrais. O eixo conceitual se compreende facilmente. O eixo pedagógico é o caminho que se propõe a outros. É pedagógico no sentido de que aprender significa mudança. O eixo comunicacional é habitualmente uma metáfora, um relato, um personagem, uma frase, um jogo de imagens ou palavras. E aqui mais do que nunca vale a etimologia de "recordar": fazer passar de novo pelo coração.[5]

## 6. Redes e Vínculos: os mitos da participação

Na hora de pensar formas organizativas mais democráticas e participativas, há uma metáfora bastante utilizada em nossa linguagem nos últimos anos: a metáfora da rede (e também no plural: as redes). Organizar-se em rede consolida-se como uma alternativa à organização piramidal, uma forma mais horizontal, democrática e igualitária. Porém, às vezes, não nos damos conta de que as redes podem reproduzir lógicas dominantes de um modo mais sutil, menos visível e, por isso mesmo, mais poderoso. São redes que nos prendem ao invés de liberar.[6]

---

[5] Para uma descrição extensa desta idéia dos três eixos, ver Kaplún, 2003b, em que também se propõe uma ferramenta mais complexa para a análise e a construção de mensagens.

[6] Uma discussão deste tema para diversas áreas (movimentos urbanos e rurais, sindicais e políticos, municípios e ONGs) pode-se encontrar em Peruzzo, Cogo e Kaplún, 2002.

Este exemplo pode ilustrar. Trata-se de uma rede de trabalho com crianças e jovens em uma zona suburbana. Alguns dos seus membros se queixavam da falta de laços firmes entre as organizações e grupos que integram a rede. Da falta de compromissos sólidos com o trabalho: "Só vêm quando existem coisas para pegar: alimentos, roupas, objetos escolares, etc." "Aonde vêm?" perguntamos com inocência. "Ao local da rede." Possuem um lugar próprio da rede? Que bom! E como o conseguiram? E aí nos inteiramos: tanto a iniciativa para criar a rede, como o local, como as doações provêm de uma importante ONG. Certamente uma boa iniciativa. Porém é provável que se passe muito tempo até que se consiga sentir a iniciativa como uma verdadeira rede. E provavelmente nunca se consiga. Ou talvez sim, porém para isso pode ser necessário que a própria ONG se retire. Ou como no caso de uma rede de organizações camponesas, quando o crescimento e a consolidação forem alcançados só a partir de uma ONG externa, que inicialmente impulsiona o desenvolvimento gerenciado por organizações locais.

Fica, portanto, uma pergunta por meio da qual retornamos ao início: quais redes? Redes de contenção social ou redes de mobilização e transformação social? Nós que unem ou que apertam? As redes não têm um sentido único. Podem ser um dispositivo para mudanças, porém também um aparato para impedir os câmbios.

## 7. Desmitificar para mudar

Creio que, para impulsionar as profundas transformações com direcionamentos mais democráticos e igualitários, precisamos desmistificar, desconstruir, às vezes descartar e outras repensar e reconstruir algumas de nossas idéias sobre o desenvolvimento, a ciência, a tecnologia, a sociedade civil, as ONGs, os projetos, o planejamento e as redes.

E, em meio a tudo isto, repensar a comunicação.

## Referências

AUBERT, N.; DE GAULEJAC, V. *El coste de la excelencia*. Barcelona: Paidós, 1993.

BARTHES, R. *Mythologies*, Paris: Editions du Seuil, 1957.

BENESSAIEH, A. "¿Civilizando la sociedad civil? Líneas internacionales en agendas locales: una mirada desde la ventana de la cooperación en Chiapas". Ponencia en Coloquio Internacional *Políticas de ciudadanía y sociedad civil en tiempos de globalización*. Caracas: UCV, 2003.

CALAME, P. *Misión posible. Pensar y actuar para el mañana*. Montevidéu: Trilce, 1994.

CARDOSO, F.H.; FALLETO, E. *Dependencia y desarrollo en América Latina*. México: Siglo XXI, 1969.

CIMADEVILLA, G.; CARNIGLIA, E. (eds.). *Comunicación, ruralidad y desarrollo: mitos, paradigmas y dispositivos del cambio*. Buenos Aires: Inta, 2004.

DAGNINO, E. Sociedade civil, participação e cidadania: de que estamos falando? Palestra apresentada no Coloquio Internacional *Políticas de ciudadanía y sociedad civil en tiempos de globalización*. Caracas: UCV, 2003.

DE RIVERO, O. *El mito del desarrollo. Los países inviables en el siglo XXI*. México: Fondo de Cultura Económica, 2001.

DUSSEL, E. *Etica de la liberación en la edad de la globalización y de la exclusión*. México: Unam, 1998.

DUSSEL, E. "Europa, modernidad y eurocentrismo". *In*: Lander, E. (comp.) *La colonialidad del saber: eurocentrismo y ciencias sociales. Perspectivas latinoamericanas*. Buenos Aires: Clacso, 2000.

ESCOBAR, A. *La invención del Tercer Mundo: construcción y deconstrucción del desarrollo*. Bogotá: Editorial Norma, 1998.

ESCOBAR, A. "El lugar de la naturaleza y la naturaleza del lugar: ¿globalización o postdesarrollo?" En Lander, E. (comp.) *La colonialidad del saber: eurocentrismo y ciencias sociales. Perspectivas latinoamericanas*. Buenos Aires: Clacso, 2000.

FREIRE, Paulo. *¿Extensión o comunicación? La concientización en el medio rural*. México: Siglo XXI (17ª ed. la primera de 1973), 1991.

GONZAGA MOTTA, L. *Planificación de la comunicación en proyectos participativos.* Quito: Ciespal, 1985.

GRAY, J. *False dawn. The Delusions of Global Capitalism.* New York: The New Press, 1998.

KAPLÚN, G. *Comunicación organizacional: la importancia de los bordes y las ventajas de agacharse.* Quito: Ciespal, 2000. (Também na Revista *Constelaciones* N° 1 – Buenos Aires: Fundación W. Benjamín, 2000).

KAPLÚN, G. "La tribu posmoderna. Participación, comunicación y discurso managerial". Na Revista *Dialogos de la Comunicación* N° 61. Lima: Felafacs, 2001.

KAPLÚN, G. "Memorias de la educación popular Uruguaya". Na Revista *Brecha* N° 893. Montevidéu, 2003a.

KAPLÚN, G. "Material educativo: a experiência do aprendizado". Na Revista *Comunicação & Educação* N° 27, Universidade de São Paulo, 2003b. (Original em espanhol: "Contenidos, itinerarios y juegos. Tres ejes para la producción y el análisis de materiales educativos". Palestra no VI Congresso de Alaic, Santa Cruz de la Sierra, 2002.

KAPLÚN, G. "Redes, educación popular y comunidad. Mapas y territorios de la participación y la educación". *In*: *¿Qué ciudadanía para qué libertad?* Montevidéu: Vida y Educación, 2003c.

KAPLÚN, G. "Indisciplinar la Universidad". *In*: Walsh, C. (ed.) *Pensamiento crítico y matriz colonial.* Quito: Uasb-Abya Yala, 2005.

LACLAU, E.; MOUFFE, Ch. *Hegemonía y estrategia socialista. Hacia una radicalización de la democracia.* Madrid: Siglo XXI, 1987.

LAKOFF, G.; JOHNSON, M. *Philosophy in the Flesh. The embodied mind and its challenge to Western thought.* New York: Basic Books, 1999.

LAKOFF, George; JOHNSON, Mark. *Metáforas de la vida cotidiana.* Madrid: Cátedra, 1998.

LANDER, E. "Ciencias sociales: saberes coloniales y eurocéntricos". *In*: Lander (comp..) *La colonialidad del saber: eurocentrismo y ciencias sociales. Perspectivas latinoamericanas.* Buenos Aires: Clacso, 2000.

LANDER, E. "La utopía del mercado total y el poder imperial". Na *Revista Venezolana de Economía y Ciencias Sociales.* Vol. 8 N° 2, Caracas, 2002a.

LANDER, E. "Los derechos de propiedad intelectual en la geopolítica del saber de la sociedad global". *In*: Walsh, C. et. al. (comps.) *Indisciplinar las ciencias sociales. Geopolíticas del conocimientos y colonialidad del poder. Perspectivas desde lo andino*. Quito: Abya Yala – Uasb, 2002b.

LOFREDO, G. "Hágase rico en los 90. (¿Usted todavía no tiene su propia Oenegé?)" Na Revista *Chasqui* N° 39, Quito, 1991.

MACAS, L.; GARCÍA, J. "La Universidad Intercultural de los Pueblos Indígenas". Palestra na Universidad Andina Simón Bolívar, Quito (notas pessoais, agosto), 2002.

MATO, D. "Prácticas transnacionales, representaciones sociales y reorganización de las sociedades civiles en América Latina." Palestra no Coloquio Internacional *Políticas de ciudadanía y sociedad civil en tiempos de globalización*. Caracas: UCV, 2003.

MAX NEEF, M. *Sociedad civil y cultura democrática: mensajes y paradojas*. Montevidéu: Nordan, 1990.

MAX-NEEF, M. et al. *Desarrollo a escala humana*. Montevidéu: Nordan, 1993.

MIDDLETON, J. "Un marco de referencia conceptual para la planificación de la comunicación". *In*: Encalada, M. (ed.) *Curso de diseño de proyectos de comunicación*. Quito: Unesco, 1986.

MIGNOLO, W. "Diferencia colonial y razón posoccidental". *In*: Castro-Gómez, Santiago (ed.). *La reestructuración de las ciencias sociales en América Latina*. Bogotá: Universidad Javeriana, 2000.

NÚÑEZ, C. *La revolución ética*. México, Guadalajara: Imdec, 1998.

NÚÑEZ, Carlos. *Educar para transformar, transformar para educar. Una perspectiva dialéctica y liberadora de educación y comunicación popular*. México, Guadalajara: Imdec, 1985.

PERUZZO, C.; COGO, D.; KAPLÚN, G. (eds.) *Comunicação e movimentos populares: quais redes?* Porto Alegre: Ed. Unisinos, 2002.

QUIJANO, A. "Colonialidad del poder, globalización y democracia". Conferencia en la Escuela de Estudios Internacionales y Diplomáticos Pedro Gual, Caracas, 2000.

RIOFRÍO, A. et. al. *De invasores a invadidos*. Lima: Desco, 1973.

ROITTER, M. "Producción transnacional de ideas de ´Sociedad Civil´ y ´Tercer Sector´". Palestra en lo Coloquio Internacional *Políticas de ciudadanía y sociedad civil en tiempos de globalización.* Caracas: UCV, 2003.

SANTOS, B. de Sousa."Para uma pedagogia do conflito". *In*: Heron da Silva, Luis *et al. Novos mapas culturais, novas perspectivas educacionais.* Porto Alegre: Ed. Sulina, 1996.

TUSSIE, D. comp. *El BID, el Banco Mundial y la sociedad civil.* Buenos Aires: Flacso,1997.

VARELA, F. *et al. The Embodied Mind. Cognitive science and human experience.* Cambridge: The MIT Press, 1997.

## OS AUTORES

**Roberto Esposito** – Professor de Filosofia do Istituto Italiano di Scienze Umane, do qual é vice-diretor. É professor também de Biopolítica na Facoltà di Filosofia dell'Università S. Raffele di Milano. Dentre os seus livros, muitos têm sido traduzidos em diversos idiomas, como, por exemplo, *Categorie dell'impolitico*, publicado pela Mulino, 1988; *Nove pensieri sulla politica*, Mulino, 1993; *Communitas. origine e destino della comunità*, Einaudi, 1998; *Immunitas. Protezione e negazione della vita*, Einaudi, 2002; *Bios. Biopolitica e filosofia*, Einaudi, 2004.

**Davide Tarizzo** – Professor de Filosofia Política na Università di Napoli "L'Orientale" e trabalha também no Istituto Italiano di Scienze Umane. Tradutor para o italiano de obras dos autores Jean-Luc Nancy, Gilles Deleuze, Jacques Derrida, Stanley Cavell, Hannah Arendt, Eugène Minkowski, dentre outros. Publicou vários artigos e ensaios em revistas científicas, além dos seguintes livros *Il desiderio dell'interpretazione. Lacan e la questione dell'essere*, Città del Sole, Napoli, 1998; *Il pensiero libero. La filosofia francese dopo lo strutturalismo*, Cortina, Milano 2003; *Introduzione a Lacan*, Laterza, Roma-Bari, 2003; *Homo insipiens. La filosofia e la sfida dell'idiozia*, Angeli, Milano, 2004.

**Gianni Vattimo** – Professor de Filosofia da Università di Torino, colaborador permanente do jornal italiano *Stampa*, professor convidado em diversas universidades, foi deputado do Parlamento Europeu (1999-2004). Atualmente é vice-presidente da Academia da Latinidade. Autor de numerosos livros traduzidos em diversos idiomas, inclusive para o português, dentre eles *A Sociedade Transparente* (Relógio d'Água), *Para além da interpretação – o significado da hermenêutica para a filosofia* (Tempo Brasileiro), *Il futuro della religione*, co-autoria com Richard Rorty, em 2005 (Garzanti).

## Os Autores

**Cicilia Maria Krohling Peruzzo** – Mestre em Comunicação Social pela Umesp e doutora em Ciências da Comunicação pela Escola de Comunicações e Artes da Universidade de São Paulo. Docente do Programa de Pós-graduação em Comunicação Social da Universidade Metodista de São Paulo. Ex-presidente (1999-2002) da Intercom – Sociedade Brasileira de Estudos Interdisciplinares da Comunicação. Foi professora na Universidade Federal do Espírito Santo e na Associação Educacional de Vitória (ES). É autora dos livros *Relações públicas no modo de produção capitalista*, *Comunicação nos movimentos populares: a participação na construção da cidadania* e organizadora de diversas coletâneas de Comunicação. Publicou muitos artigos em revistas científicas no País e no exterior.

**Márcia Vidal Nunes** – Professora do Departamento de Comunicação Social da Universidade Federal do Ceará. Graduou-se em Comunicação Social na UFC e concluiu o Mestrado e o Doutorado no Programa de Pós-graduação em Sociologia da UFC. Fez o Pós-doutorado na Escola de Comunicação e Artes de São Paulo. Publicou *Imprensa e Poder* (Fortaleza: Secult, 1994) e *Rádio e Política: do Microfone ao Palanque – os Radialistas Políticos em Fortaleza* (São Paulo: Annablume, 1998). Atua nas linha de pesquisa: Mídia e Política, Comunicação Comunitária e Mídia e Cultura. Publicou vários artigos sobre a trajetória das rádios comunitárias, dos quais se destaca "Rádios Comunitárias no Século XXI: Cidadania ou Instrumentalização" (*In*: BIANCO, Nélia R.; MOREIRA, Sônia Virgínia (org.). *Desafios do Rádio no Século XXI*). Apresentou trabalhos em vários congressos nacionais: "Rádios Comunitárias nas Eleições 98: Exercício da Cidadania ou Iinstrumentalização da Participação Popular?". *In*: *Anais do XXIV Encontro Anual da Anpocs*, 2000, Petrópolis; "As Rádios Comunitárias nas Campanhas Eleitorais: Exercício da Cidadania ou Iinstrumentalização (1998-2000)". *In*: *Anais do 12º Encontro Anual da Associação Nacional dos Programas de Pós-graduação em Comunicação*, 2003, Recife.

**Desirée Cipriano Rabelo** – Professora da Ufes, jornalista formada pela PUC-MG com doutorado em Comunicação Social pela Umesp. Durante o estágio na CNBB, ainda como estudante de jornalismo, conheceu as pastorais ligadas à Teologia da Libertatação, e logo começou a trabalhar com a comunicação comunitária. A experiência mais marcante foi com o *Pelejando*, jornal das pastorais populares de Minas Gerais, exercitando novos formatos comunicativos. Na Rede de comunicadores solidários da Pastoral da Criança, exercitou a comunicação pessoal e grupal para a mobilização social. Como presidente da União Cristã Brasileira de Comunicação (UCBC), de 2002 a 2005, e membro do Conselho Diretor da Cátedra Unesco de Comunicação/Umesp, no mesmo período, coordenou e participou de diversas atividades cujo foco era a comunicação pró-cidadania. Atualmente coordena o projeto Política de Comunicação da Pró-reitoria de Extensão da Ufes. Autora do livro *Comunicação e mobilização na Agenda local* (Edufes/Facitec, 2003), de capítulos e artigos sobre comunicação e mobilização. Outros trabalhos podem ser encontrados nos anais da Intercom, no núcleo comunicação ambiental e científica (www.intercom.org.br), nos dois volumes do Mutirão Brasileiro de Comunicação (www.ucbc.org.br) e na coleção Comunicação e Mobilização Social, (www.autenticaeditora.com.br).

**Raquel Paiva** – Professora associada da Escola de Comunicação da UFRJ, pesquisadora do CNPq, autora de inúmeros artigos em periódicos especializados, tem oito livros publicados, dentre eles *O Espírito Comum – mídia, globalismo e comunidade* (1997), pela Mauad Editora. Realizou especialização no Ciespal, no Equador, em 1985. Mestrado e Doutorado pela ECO/UFRJ, com co-orientação do filósofo italiano Gianni Vattimo, na Universitá degli Studi de Torino, de quem traduziu para o português algumas das suas obras. Diretora cultural da Intercom e coordenadora do Laboratório de Estudos em Comunicação Comunitária, exerceu a Secretaria Geral da Compós de 2001 a 2003 e a coordenação do Programa de Pós-graduação em Comunicação da ECO/UFRJ no período 2003-2005. Prêmio Liderança Emergente da Intercom, em 2005.

## Os Autores

**Denise Cogo** – Professora titular do Programa de Pós-graduação em Ciências da Comunicação da Unisinos, em São Leopoldo, RS, onde coordena o grupo de pesquisa Mídia e Multiculturalismo (www.midiamigra.com.br). Pesquisadora e consultora do CNPq, Capes e Fapergs, coordena, desde 2001, o Núcleo de Pesquisa em Comunicação para a Cidadania da Intercom. É co-coordenadora do Programa Acadêmico de Cooperação Internacional Brasil-Espanha sobre mídia, migrações e interculturalidade, desenvolvido em parceria com o Observatorio y Grupo de Investigación em Comunicación y Migración (Migracom) da Universidade Autônoma de Barcelona (UAB), financiado pela Capes (Brasil) e MEC (Espanha) (www.intermigra.unisinos.br). É autora, dentre outras, das obras *Mídia, interculturalidade e migrações contemporâneas*, Rio de Janeiro/Brasília, E-papers: CSEM, 2006 (no prelo). *No ar... uma rádio comunitária* (Ed. Paulinas, 1998) e co-organizadora das obras *Comunicação para a Cidadania*. Rio de Janeiro: Eduerj, 2006. *Comunicação e movimentos populares – Quais redes?* (Ed.Unisinos/Centro Memorial Martin Luther King Jr. – Havana e Universidad de La Republica – Uruguai).

**Gabriel Kaplún** – Comunicador, mestre em Educação e doutor em Estudos Culturais. Docente e investigador da Universidad de la República (Uruguai) e professor convidado de outras universidades latino-americanas. Consultor de organizações sociais, empresas, organismos governamentais e não-governamentais nos temas educação, comunicação comunitária, educativa e organizacional, políticas de comunicação e educação a distância. Autor e co-autor de numerosos artigos e livros sobre esses temas. Entre outros: *Cursos y discursos: comunicación y formación sindical en Uruguay* (Mondevidéu: Nordan, 1999), *Comunicación organizacional: la importancia de los bordes y las ventajas de agacharse* (Quito: Ciespal, 2000), *Comunicación, educación y cambio* (Havana: Caminos, 2001), *Comunicação e movimentos populares: quais redes?* (editor, com D. Cogo y C. Peruzzo. São Leopoldo: Unisinos, 2002), *Comunicación popular: ¿es o se hace?* (Buenos Aires: Nueva Tierra, 2003), *Pensamiento crítico y matriz colonial* (Quito: C. Walsh editora, Uasb – Abya Yala, 2005), *Aprender y enseñar en tiempos de Internet* (Montevidéu: Cinterfor-OIT, 2005).

Características deste livro:
*Formato*: 14 x 21 cm
*Mancha*: 10,5 x 17 cm
*Tipologia*: Times New Roman 10,5/13,5
*Papel*: ofsete 75g/m² (miolo)
Cartão Supremo 250g/m² (capa)
*Impressão*: Sermograf
*1ª edição*: 2007

*Para saber mais sobre nossos títulos e autores,*
*visite o nosso site:*
www.mauad.com.br